Découvrez des Jeux Gratuits en Ligne

Disponible Ici :

BestActivityBooks.com/FREEGAMES

5 ASTUCES POUR DÉMARRER !

1) COMMENT RÉSOUDRE LES MOTS MÊLÉS

Les puzzles sont dans un format classique :

- Les mots sont cachés sans espaces, tirets, ...
- Orientation : Les mots peuvent être écrits en avant, en arrière, vers le haut, vers le bas ou en diagonale (ils peuvent être inversés).
- Les mots peuvent se chevaucher ou se croiser.

2) UN APPRENTISSAGE ACTIF

Un espace est prévu à côté de chaque mots pour noter la traduction. Pour favoriser un apprentissage actif un **DICTIONNAIRE** à la fin de cette édition vous permettra de vérifier et étendre vos connaissances. Cherchez et notez les traductions, trouvez-les dans le Puzzle et ajoutez-les à votre vocabulaire !

3) MARQUEZ LES MOTS

Vous pouvez inventer votre propre système de marquage. Peut-être en utilisez-vous déjà un ? Sinon, vous pourriez, par exemple, marquer les mots qui ont été difficiles à trouver d'une croix, ceux que vous avez aimés d'une étoile, les mots nouveaux d'un triangle, les mots rares d'un diamant, etc...

4) STRUCTUREZ VOTRE APPRENTISSAGE

Cette édition vous offre un **CARNET DE NOTES** très pratique à la fin du livre. En vacances ou en voyage ou à la maison, vous pouvez facilement organiser vos nouvelles connaissances sans avoir besoin d'un second bloc-notes !

5) VOUS AVEZ FINI TOUTES LES GRILLES ?

Allez à la section bonus **CHALLENGE FINAL** pour trouver un jeu gratuit à la fin de cette édition !

Simple et Rapide ! Découvrez notre collection de livres d'activités pour votre prochain moment de détente et **d'apprentissage**, à juste un clic de distance !

Trouvez votre prochain défi sur :

BestActivityBooks.com/MonProchainLivre

À vos marques, prêts... Partez !

Saviez-vous qu'il existe environ 7 000 langues différentes dans le monde ? Les mots sont précieux.

Nous aimons les langues et avons travaillé dur pour créer les livres de la plus haute qualité pour vous. Nos ingrédients ?

Une sélection des thématiques d'apprentissage adaptée, trois belles parts de divertissement, puis nous ajoutons une cuillère de mots difficiles et une pincée de mots rares. Nous les servons avec soin et un maximum de plaisir pour vous permettre de résoudre les meilleurs jeux de mots mêlés qui soient et d'apprendre en vous amusant !

Votre avis est essentiel. Vous pouvez participer activement au succès de ce livre en nous laissant un commentaire. Nous aimerions vraiment savoir ce que vous avez préféré dans cette édition !

Voici un lien rapide qui vous mènera à la page d'évaluation de vos commandes :

BestBooksActivity.com/Avis50

Merci pour votre aide et amusez-vous bien !

De la part de toute l'équipe

1 - Adjectifs #2

```
O  C  X  G  Y  K  E  L  O  R  O  D  D  I  D
Z  Y  I  D  W  S  A  K  L  U  B  A  H  P  A
W  N  P  R  Z  Y  E  Q  K  P  R  W  A  S  K
Q  H  G  A  J  L  L  O  N  Y  A  N  L  D  O
J  Y  S  M  I  I  S  L  B  K  R  U  L  L  O
A  R  I  A  X  D  K  N  T  B  S  S  T  O  U
D  C  K  T  D  C  G  A  G  C  U  D  U  G  T
Q  H  G  I  S  V  L  R  B  G  R  D  F  I  B
K  I  D  G  E  E  N  W  O  G  E  Y  O  D  Z
L  O  F  I  R  F  Y  C  W  Q  W  W  F  A  I
F  L  C  A  I  N  N  T  M  G  P  E  T  E  R
A  N  A  T  U  R  I  O  L  R  S  N  Q  R  W
L  Q  R  L  K  B  V  U  P  C  D  I  A  C  H
C  D  I  S  G  R  I  F  I  A  D  O  L  A  Z
H  C  Y  S  Y  X  D  J  K  R  H  T  S  Y  A
```

DILYS	NATURIOL
ENWOG	NEWYDD
CREADIGOL	CYNHYRCHIOL
DISGRIFIADOL	PWERUS
DAWNUS	PUR
DRAMATIG	CYFRIFOL
CAIN	IACH
FALCH	HALLT
CRYF	GWYLLT
DIDDOROL	SYCH

2 - Force et Gravité

```
X  V  R  E  T  L  L  E  P  E  P  W  F  U  I
E  E  G  I  N  N  Y  C  M  E  L  Z  F  D  X
F  L  I  D  Y  T  U  F  A  H  A  D  I  H  C
F  Y  M  D  D  D  X  D  G  A  N  A  S  D  Y
A  K  A  O  U  O  V  C  N  N  E  I  E  R  F
I  C  N  S  O  O  F  M  E  G  D  D  G  E  F
T  M  Y  N  A  R  D  U  T  U  A  D  S  D  R
H  O  D  U  O  B  E  Q  E  V  U  Y  S  M  E
E  M  E  Y  D  I  M  S  G  Y  N  F  Q  Y  D
C  E  Q  X  F  T  M  P  M  C  A  N  O  L  I
H  N  M  E  C  A  N  E  G  A  P  A  M  F  N
E  T  N  A  I  H  T  I  R  F  F  G  E  Y  O
L  W  P  W  Y  S  A  U  M  S  N  R  O  C  L
U  M  U  O  A  J  Q  J  A  V  X  A  X  N  M
X  V  A  L  A  T  F  X  P  U  X  D  G  G  J
```

ECHEL	MECANEG
CANOL	CYNNIG
DARGANFYDDIAD	ORBIT
PELLTER	FFISEG
DYNAMIG	PLANEDAU
EHANGU	PWYSAU
MOMENTWM	EIDDO
FFRITHIANT	AMSER
EFFAITH	CYFFREDINOL
MAGNETEG	CYFLYMDER

3 - Adjectifs #1

```
N F A R A U N I O N R E D O M
L H R A Y B K O A E Q C L Y C
O T T L O I S I E G L E H C U
F I I D B W O O H A E L G H Y
H A S T P W P I L G K T W H T
R F T P W Y S I G I R G E A J
T F I S A J A U F T W L I R O
S R G K J R M I C O A T T D S
E E W P R Y O Z C S F Q H D A
N P G M H C L M N G N R R F D
O T F Y J N T L A E E M E I B
D E N I A D O L F T D B D T N
T E N A U D E W I N I D O V S
M P G H P V K L H S W G L G O
K C Z G A R I L V K Z W K U F
```

ABSOLIWT	ONEST
GWEITHREDOL	UNION
UCHELGEISIOL	PWYSIG
AROMATIG	DINIWED
ARTISTIG	IFANC
DENIADOL	ARAF
HARDD	TRWM
EGSOTIG	TENAU
ENFAWR	MODERN
HAEL	PERFFAITH

4 - Échecs

```
T  W  R  N  A  M  A  I  N  T  G  G  B  C  B
L  U  C  T  Z  Y  N  E  I  Y  W  Y  M  H  I
X  A  I  C  U  N  V  T  V  S  R  S  W  W  H
H  L  X  U  A  T  I  V  K  L  T  T  F  A  C
P  O  I  D  D  Y  S  G  U  U  H  A  Q  R  Y
P  E  N  C  A  M  P  W  R  G  W  D  W  A  D
Y  H  Y  H  V  H  O  G  E  O  Y  L  B  E  V
U  R  W  D  E  T  S  Ê  S  D  N  E  R  W  S
E  X  G  G  U  R  M  M  M  D  E  U  E  R  A
M  O  S  P  A  E  I  R  A  E  B  A  N  D  S
I  C  V  I  F  B  W  A  F  F  Y  E  H  S  Y
L  L  E  T  R  A  W  S  U  O  D  T  I  K  Q
P  W  Y  N  T  I  A  U  A  L  D  H  N  J  K
U  Y  S  B  R  E  N  I  N  H  N  L  E  A  T
S  T  R  A  T  E  G  A  E  T  H  S  S  I  L
```

GWRTHWYNEBYDD
I DDYSGU
GWYN
PENCAMPWR
GYSTADLEUAETH
HERIAU
LLETRAWS
GÊM
CHWARAEWR
DU

GODDEFOL
PWYNTIAU
BRENHINES
RHEOLAU
BRENIN
ABERTH
STRATEGAETH
AMSER
TWRNAMAINT

5 - Herboristerie

```
Q  N  P  L  B  K  A  C  Z  Y  C  Q  A  R  C
R  M  E  A  A  Q  R  E  B  H  O  W  N  H  Y
K  E  R  F  S  J  O  T  C  V  G  F  S  O  N
O  I  S  A  I  R  M  W  I  B  I  Q  A  S  H
G  N  L  N  L  G  A  S  H  B  N  G  W  M  W
W  Q  I  T  D  L  T  O  A  E  I  E  D  A  Y
Y  T  K  M  Z  W  I  T  N  F  O  L  D  R  S
R  G  A  R  D  D  G  H  E  T  F  L  Z  V  I
D  B  S  K  X  S  L  D  N  I  C  R  E  C  O
D  N  Y  D  O  L  B  U  O  Y  M  A  W  Q  N
B  U  D  D  I  O  L  L  G  O  V  G  N  M  C
F  F  E  N  I  G  L  M  A  R  O  J  R  A  M
F  D  Z  J  U  T  V  P  R  S  D  Z  G  M  W
J  I  I  I  V  L  Q  T  A  K  D  L  K  S  T
M  B  E  K  Z  Y  D  H  T  A  B  Y  I  O  X
```

GARLLEG	LAFANT
AROMATIG	MARJORAM
BASIL	BATHDY
BUDDIOL	PERSLI
COGINIO	ANSAWDD
TARAGON	RHOSMAR
FFENIGL	SAFFRWM
BLODYN	BLAS
CYNHWYSION	TEIM
GARDD	GWYRDD

6 - Véhicules

```
E  S  R  I  R  O  L  U  L  H  G  H  C  W  C
U  N  O  I  R  I  T  Y  L  N  W  O  M  Q  U
R  A  C  S  B  E  I  C  U  A  E  F  Q  C  L
Q  L  E  G  L  R  F  C  T  V  N  R  W  Z  L
W  W  D  W  Y  P  T  F  V  N  N  E  B  M  O
Y  I  V  T  A  W  Y  R  E  N  O  N  N  O  N
X  B  E  E  T  A  N  Q  T  X  L  N  R  D  G
E  M  X  R  O  T  C  A  R  T  D  Y  C  U  D
F  A  F  B  W  S  T  P  F  X  R  D  B  R  A
A  Z  K  W  Q  N  E  A  O  A  J  D  W  N  N
B  K  E  Q  Z  Y  O  R  C  F  R  O  I  O  F
I  S  F  F  O  R  D  D  K  S  J  A  A  N  O
F  K  I  C  I  S  G  I  G  Q  I  Q  C  D  R
F  T  E  A  Q  O  D  Z  H  O  U  I  G  M  B
E  E  R  V  I  F  G  M  Q  B  F  C  Y  K  V
```

AMBIWLANS   MODUR
AWYREN   GWENNOL
CWCH   TIRION
BWS   LLU
LORI   SGWTER
CARAFAN   LLONG DANFOR
FFERI   TACSI
ROCED   TRACTOR
HOFRENNYDD   BEIC
ISFFORDD   CAR

7 - Camping

```
P  K  K  H  E  T  T  B  O  Y  D  M  O  Y  F
R  C  W  M  P  A  W  D  F  A  K  J  S  Z  L
Y  O  E  B  Z  W  X  A  F  N  A  B  A  C  L
F  M  F  J  J  P  J  U  E  I  W  O  A  A  Y
E  M  B  Q  I  B  N  E  R  F  F  A  H  R  N
D  A  W  Q  O  U  T  L  U  E  M  K  V  U  R
E  H  Q  R  Y  N  A  L  T  I  K  D  A  T  E
Q  A  A  K  H  E  L  A  A  L  P  C  I  N  S
A  P  C  P  E  A  J  N  N  I  L  E  R  A  U
R  I  Y  O  I  B  F  Z  U  A  Q  E  L  M  L
L  L  S  Z  E  C  M  V  J  I  M  B  D  D  L
M  T  S  C  Q  D  Q  A  P  D  D  Y  N  Y  M
T  T  Â  K  R  D  W  Z  P  P  A  B  E  L  L
P  Z  Ŵ  N  A  C  I  I  G  P  D  A  Z  S  P
B  A  R  P  D  L  N  F  G  U  F  Z  X  K  Q
```

ANIFEILIAID	TÂN
ANTUR	COEDWIG
CWMPAWD	HAMMOCK
CABAN	PRYFED
CANŴ	LLYN
MAP	LLUSERN
HET	LLEUAD
HELA	MYNYDD
RHAFF	NATUR
OFFER	PABELL

8 - Écologie

```
H  P  D  D  E  O  D  D  Y  N  Y  M  A  J  J
I  L  U  A  D  D  O  N  D  A  O  R  R  N  E
N  A  N  W  A  F  F  S  S  T  B  Y  M  X  R
S  N  R  Z  L  L  O  K  V  U  Q  W  Y  O  H
A  H  M  A  C  K  G  V  R  R  W  L  W  Q  Y
W  I  G  O  H  H  T  W  O  C  D  O  D  W  W
D  G  E  O  R  C  Y  M  U  N  E  D  A  U  O
D  I  D  N  R  O  W  N  J  I  B  D  I  S  G
F  O  W  T  S  O  L  E  X  F  Y  O  L  Y  A
C  N  S  E  G  R  E  Y  J  E  D  F  A  C  E
F  L  O  R  A  O  V  S  L  N  E  R  N  H  T
G  O  D  D  W  F  R  I  I  Y  A  I  Y  D  H
F  S  Q  U  C  E  Y  S  F  C  N  W  C  E  A
A  M  R  Y  W  I  A  E  T  H  G  G  F  R  U
N  A  T  U  R  I  O  L  S  P  G  S  J  X  K
```

GWIRFODDOLWYR   GORS
HINSAWDD   MOROL
CYMUNEDAU   MYNYDDOEDD
AMRYWIAETH   NATUR
CYNALIADWY   NATURIOL
RHYWOGAETHAU   PLANHIGION
FFAWNA   ADNODDAU
FLORA   SYCHDER
BYD-EANG   GOROESI
CYNEFIN

9 - Géométrie

```
R  H  E  S  Y  M  E  G  T  N  E  M  G  E  S
G  I  P  F  P  M  W  V  C  H  B  X  X  L  N
S  Y  C  L  D  U  À  G  Y  C  E  O  E  H  K
I  C  Y  F  R  A  N  S  F  L  N  O  V  N  C
T  R  I  O  N  G  L  V  O  Y  Y  N  R  X  D
U  C  H  D  E  R  G  Z  C  C  W  F  J  I  D
F  E  R  T  I  G  O  L  H  O  S  H  P  D  I
C  A  N  O  L  R  I  F  R  F  N  R  S  I  A
J  G  I  V  B  K  K  R  O  S  F  G  Q  M  M
E  Z  L  T  B  N  I  G  G  P  J  H  L  E  E
E  D  M  V  C  H  A  F  A  L  I  A  D  N  D
Y  P  O  D  A  I  F  I  R  F  Y  C  Q  S  R
M  I  R  A  N  W  P  H  D  T  H  K  S  I  I
B  T  G  N  E  W  A  R  E  B  X  A  H  W  H
C  Y  M  E  S  U  R  E  D  D  V  N  E  N  A
```

ONGL	CANOLRIF
CYFRIFIAD	RHIF
CYLCH	CYFOCHROG
GROMLIN	CYFRAN
DIAMEDR	SEGMENT
DIMENSIWN	WYNEB
HAFALIAD	CYMESUREDD
UCHDER	THEORI
RHESYMEG	TRIONGL
MÀS	FERTIGOL

10 - Les Médias

```
U  A  G  D  O  F  F  E  I  T  H  I  A  U  S
N  R  D  E  N  J  U  S  J  M  J  B  D  Z  G
I  G  I  A  W  G  R  W  P  J  E  T  Y  D  G
G  R  G  L  D  E  S  U  D  D  E  O  H  Y  C
O  A  I  L  I  P  P  Y  J  D  L  O  H  M  I
L  F  D  U  W  Y  Z  V  D  I  L  L  Y  C  J
A  F  O  S  Y  R  H  W  Y  D  W  A  I  T  H
G  I  L  O  D  R  K  J  N  R  A  B  P  M  S
W  A  T  L  I  L  O  H  C  A  N  S  A  M  I
E  D  A  Q  A  L  U  A  D  D  E  W  L  E  D
D  U  O  V  N  K  P  F  N  I  L  S  D  M  T
D  K  L  U  T  E  A  F  Q  O  X  L  U  E  R
A  I  C  Y  F  A  T  H  R  E  B  U  E  L  G
U  A  I  N  U  L  L  A  R  L  E  I  N  O  H
T  E  L  E  D  U  C  K  Z  X  V  C  Z  C  L
```

AGWEDDAU	DIWYDIANT
MASNACHOL	DEALLUSOL
CYFATHREBU	LLEOL
AR-LEIN	DIGIDOL
ARGRAFFIAD	BARN
ADDYSG	LLUNIAU
FFEITHIAU	CYHOEDDUS
CYLLID	RADIO
DELWEDDAU	RHWYDWAITH
UNIGOL	TELEDU

11 - Philanthropie

```
R  I  B  C  E  U  B  P  S  W  K  D  Z  E  C
H  E  C  Y  Y  P  T  R  O  P  B  D  C  A  F
A  U  Y  S  D  K  X  V  B  B  F  Y  O  N  M
G  E  H  C  I  E  D  K  O  Z  L  W  P  B  L
L  N  O  O  L  U  A  D  O  N  A  R  H  E  V
E  C  E  I  L  A  T  N  A  L  P  T  X  I  V
N  T  D  N  Y  I  L  X  G  N  S  S  P  D  K
N  I  D  L  C  R  C  R  O  N  F  E  Y  D  D
I  D  U  G  N  E  G  N  A  Z  O  N  N  I  K
T  P  S  L  S  H  C  Q  U  B  Q  O  C  A  M
C  Y  M  U  N  E  D  A  E  H  W  G  L  Y  H
C  E  N  H  A  D  A  E  T  H  P  V  X  B  Z
E  L  U  S  E  N  G  R  W  P  I  A  U  H  Q
J  B  C  Y  S  Y  L  L  T  I  A  D  A  U  V
G  A  Z  Q  H  A  E  L  I  O  N  I  E  D  Q
```

ANGEN	HAELIONI
NODAU	BYD-EANG
ELUSEN	GRWPIAU
CYMUNED	HANES
CYSYLLTIADAU	GONESTRWYDD
HERIAU	IEUENCTID
PLANT	CENHADAETH
CYLLID	RHAGLENNI
CRONFEYDD	CYHOEDDUS
POBL	

12 - Diplomatie

```
R E D N W A I F Y C D B U W H
D Y Q I P K U F T S Y R T A D
I M F L O I H B E D N U T Y C
N G P L R G T M H Y G B G C H
A Y U Y A E E T O C A Z E H T
S R N S D S A L I O R F O T R
Y C I G H E D P W H O C U E A
D H O E T O O A U C L K Q A M
D O N N R M F R Q T H J A R O
I E D N W Z A C Y M U N E D R
O D E A G T R Y M U K B R O T
N D B D K M T S M P F A O W J
C Y F R E I T H I O L M A Y G
D I N E S I G I Y E U R F L K
I E I T H O E D D B Z N X L U
```

LLYSGENNAD

YMGYRCHOEDD

DINASYDDION

DINESIG

CYMUNED

GWRTHDARO

TRAFODAETH

MOESEG

TRAMOR

LLYWODRAETH

DYNGAROL

UNIONDEB

CYFIAWNDER

IEITHOEDD

CYFREITHIOL

DATRYS

DIOGELWCH

ATEB

CYTUNDEB

13 - Électricité

```
S  G  B  N  D  K  I  S  T  O  Z  Y  V  M  A
N  A  D  Y  R  T  B  S  M  X  O  K  I  A  Y
U  E  O  V  Y  P  X  A  U  K  F  A  I  I  H
A  U  G  F  U  C  C  E  Q  R  J  Z  G  N  T
L  U  A  Y  G  E  N  E  R  A  D  U  R  T  C
T  A  Z  M  D  C  A  D  A  R  N  H  A  O  L
E  R  S  Z  S  D  O  F  F  E  R  T  I  I  V
L  F  Y  E  I  E  O  O  Z  I  D  I  I  R  F
E  I  X  S  R  T  K  L  W  M  Q  A  V  O  H
D  W  H  S  T  G  U  R  B  Q  G  W  S  T  F
U  G  F  Q  A  N  D  U  K  E  V  D  L  S  A
X  M  J  O  B  L  W  B  D  I  C  Y  A  V  H
F  F  Ô  N  M  A  G  N  E  T  C  W  M  M  Q
G  W  R  T  H  R  Y  C  H  A  U  H  P  T  I
S  O  C  E  D  R  W  N  A  D  Y  R  T  B  P
```

MAGNET	LASER
BWLB	NEGYDDOL
BATRI	GWRTHRYCHAU
CEBL	CADARNHAOL
TRYDANWR	SOCED
TRYDAN	MAINT
OFFER	RHWYDWAITH
GWIFRAU	STORIO
GENERADUR	FFÔN
LAMP	TELEDU

14 - Astronomie

```
W  N  W  U  V  D  A  U  E  L  L  N  G  L  I
U  A  D  P  K  C  L  R  J  Q  C  P  C  Q  G
W  E  D  E  G  C  V  Y  S  Q  U  U  F  H  X
C  Y  E  S  O  F  F  W  R  Y  R  I  V  S  W
H  H  R  P  F  R  S  A  P  D  L  V  N  P  S
N  N  D  I  O  R  E  T  S  A  B  L  W  O  P
O  E  Y  L  D  E  N  A  L  B  J  T  F  A  X
F  B  L  C  W  T  K  O  Z  T  U  C  R  A  N
A  U  E  E  R  A  L  O  S  A  G  O  W  Y  Y
T  L  B  W  O  U  O  L  F  C  E  S  D  K  R
Y  A  M  I  E  R  E  S  T  Y  C  M  D  E  P
E  Q  Y  N  T  G  O  M  K  D  O  O  Y  T  Y
O  U  S  X  E  Q  L  C  Z  R  Z  S  R  R  I
Z  I  O  D  M  M  H  Q  E  D  D  A  E  A  R
D  V  G  A  L  A  E  T  H  D  Q  B  S  U  H
```

ASTEROID	LLEUAD
GOFODWR	METEOR
SERYDDWR	NEBULA
AWYR	ARSYLLFA
CYTSER	BLANED
COSMOS	YMBELYDREDD
ECLIPSE	SOLAR
EQUINOX	UWCHNOFA
ROCED	DDAEAR
GALAETH	

15 - Physique

```
C  Y  F  L  Y  M  D  E  R  F  C  D  A  Y  M
O  Q  Z  V  A  S  V  C  E  C  Y  I  T  M  O
A  U  G  W  L  N  G  M  N  Y  F  S  O  L  L
P  M  A  G  N  E  T  E  G  F  F  G  M  A  E
A  E  P  N  K  P  M  T  V  L  R  Y  C  C  C
Y  M  I  N  N  A  G  A  O  Y  E  R  C  I  I
X  F  L  R  M  Y  N  S  À  M  D  C  E  O  W
R  Y  B  D  I  P  N  U  F  I  I  H  M  O  L
P  D  T  F  E  A  F  O  J  A  N  I  E  B  Z
N  D  W  P  J  R  N  E  R  D  O  A  G  I  W
M  E  C  A  N  E  G  T  C  G  L  N  O  Q  L
U  S  E  L  E  C  T  R  O  N  U  T  L  E  Z
A  Y  W  N  I  W  C  L  E  A  R  L  Y  C  F
X  W  F  F  O  R  M  I  W  L  A  D  N  B  Z
E  D  D  W  X  G  L  Z  A  N  H  R  E  F  N
```

CYFLYMIAD	MAGNETEG
ATOM	MÀS
ANHREFN	MECANEG
CEMEGOL	MOLECIWL
DWYSEDD	PEIRIANT
ELECTRON	NIWCLEAR
FFORMIWLA	GRONYNNAU
AMLDER	YMLACIO
NWY	CYFFREDINOL
DISGYRCHIANT	CYFLYMDER

16 - Types de Cheveux

```
V  B  F  L  E  O  M  H  C  Y  S  Y  S  I  W
U  U  E  C  L  A  G  O  I  N  I  E  L  G  S
T  E  N  A  U  W  I  G  P  R  Y  D  X  R  G
Y  Y  W  B  F  O  Y  G  W  Y  N  U  D  Q  A
A  Q  O  Q  R  Y  Y  D  G  B  Q  A  Y  D  X
Y  J  R  W  L  M  G  B  L  O  N  D  I  S  W
O  C  B  Q  V  U  R  M  M  J  Z  A  H  R  H
S  K  E  U  J  X  Q  X  E  X  W  K  T  I  A
U  I  A  D  W  V  J  C  D  I  S  V  E  A  A
H  M  R  R  E  Q  L  U  D  X  T  G  L  C  K
C  Y  R  L  I  O  G  R  A  M  E  F  B  H  T
W  L  B  Q  G  W  I  L  L  H  N  P  H  D  H
R  F  H  C  J  U  Y  S  Y  M  V  G  O  F  X
T  P  L  E  T  H  E  D  I  G  M  E  S  V  N
X  T  D  W  P  I  U  A  E  I  I  D  F  D  V
```

ARIAN	CYRLIOG
GWYN	LLWYD
BLOND	HIR
CURLS	BROWN
SGLEINIOG	TENAU
MOEL	DU
LLIW	IACH
BYR	SYCH
MEDDAL	BLETHI
TRWCHUS	PLETHEDIG

17 - Archéologie

```
U  T  Î  M  F  E  T  T  B  F  D  G  D  E  I
A  R  B  E  N  I  G  W  R  F  I  W  A  B  O
H  X  W  S  O  I  L  L  E  O  R  E  D  L  E
C  A  N  H  Y  S  B  Y  S  S  G  R  A  Y  S
Y  A  N  G  H  O  F  I  O  I  E  T  N  N  G
R  I  Q  U  H  L  M  V  J  L  L  H  S  Y  Y
H  B  S  S  X  T  S  S  O  Q  W  U  O  D  R
T  T  E  Y  Y  C  R  A  I  R  C  S  D  D  N
R  F  S  D  D  O  N  F  Y  C  H  O  D  O  U
W  M  L  V  D  E  E  C  Z  M  F  T  I  E  O
G  C  Q  Y  C  Y  M  E  N  Z  O  G  A  D  I
A  Q  Y  R  Z  D  L  L  A  H  A  B  D  D  J
G  W  A  R  E  I  D  D  I  A  D  W  M  N  D
H  Y  N  A  F  I  A  E  T  H  N  I  V  U  L
Y  M  C  H  W  I  L  Y  D  D  S  P  K  G  Q
```

DADANSODDIAD	ANHYSBYS
BLYNYDDOEDD	DIRGELWCH
HYNAFIAETH	GWRTHRYCHAU
YMCHWILYDD	ESGYRN
GWAREIDDIAD	ANGHOFIO
ARBENIGWR	ATHRO
CYFNOD	CRAIR
TÎM	DEML
GWERTHUSO	BEDD
FFOSIL	

18 - Mammifères

```
J  K  J  S  E  B  R  A  P  Z  Q  E  R  V  Y
I  U  Z  C  N  O  Z  A  D  O  L  F  F  I  N
R  I  K  J  B  H  T  A  C  R  G  N  P  C  B
A  H  Q  S  B  E  T  T  A  R  W  D  O  C  J
F  T  Q  I  B  V  E  R  D  A  J  B  E  M  E
F  M  Q  M  O  A  I  L  A  D  I  S  L  W  T
D  A  K  R  V  T  G  F  A  R  J  H  I  N  D
R  E  A  V  P  M  R  L  L  E  W  E  F  C  T
I  Y  F  K  U  M  Y  A  I  M  H  T  F  I  V
P  I  E  A  R  Q  T  D  R  F  D  O  A  O  R
C  T  F  L  I  G  D  O  O  L  R  Y  N  X  A
Q  Q  T  E  D  D  J  A  G  Q  N  O  T  X  N
C  W  N  I  N  G  E  N  B  Q  H  C  M  X  I
B  L  A  I  D  D  X  L  L  W  Y  N  O  G  J
M  K  A  N  G  A  R  O  O  C  E  F  F  Y  L
```

MORFIL	CWNINGEN
CATH	LLEW
CEFFYL	BLAIDD
CI	DEFAID
COYOTE	ARTH
DOLFFIN	LLWYNOG
ELIFFANT	MWNCI
JIRAFF	TARW
GORILA	TEIGR
KANGAROO	SEBRA

19 - Chocolat

```
X  E  T  H  C  S  Y  C  X  I  K  R  C  Z  C
G  M  T  O  A  T  B  A  M  H  V  Y  A  Y  N
B  W  I  F  C  L  E  N  E  D  E  I  R  T  A
P  L  R  F  A  G  J  D  L  R  L  Q  A  X  U
V  K  A  T  O  I  C  Y  Y  M  C  X  M  H  C
O  G  T  S  H  T  V  H  S  B  Y  F  E  D  O
R  P  L  S  U  O  S  I  W  G  R  R  L  I  C
Q  R  C  G  W  S  C  T  P  Z  X  Y  M  R  O
E  M  D  O  H  G  B  S  A  N  S  A  W  D  D
C  T  H  P  E  E  R  E  I  I  D  P  N  W  S
U  H  B  L  A  S  F  G  L  D  F  K  E  O  H
R  Y  W  T  F  F  E  R  C  W  I  L  Q  P  G
Z  W  D  E  R  Y  S  Á  I  T  F  O  P  O  K
A  U  A  Ï  R  O  L  A  G  N  W  V  L  R  T
N  O  I  S  Y  W  H  N  Y  C  A  R  O  G  L
```

CHWERW	EGSOTIG
GWRTHOCSIDIOL	HOFF
AROGL	BLAS
CREFFTWYR	CYNHWYSION
CANDY	CNAU COCO
CACAO	POWDR
GALORÏAU	ANSAWDD
CARAMEL	RYSÁIT
BLASUS	SIWGR
MELYS	

20 - Mathématiques

```
K  N  H  Z  C  L  B  D  P  S  W  I  D  A  R
R  C  F  H  Y  R  D  Z  O  E  G  P  Y  D  M
W  B  H  G  L  G  N  O  I  R  T  W  S  T  A
N  W  I  S  C  A  R  F  F  U  E  R  Â  H  R
A  R  T  E  H  P  O  L  Y  G  O  N  Y  R  G
A  M  Q  L  E  D  I  A  M  E  D  R  A  A  O
M  L  F  A  D  C  Y  F  O  C  H  R  O  G  L
L  O  G  E  D  H  A  F  A  L  I  A  D  C  E
F  R  J  V  S  G  E  O  M  E  T  R  E  G  L
N  F  L  E  N  U  A  L  G  N  O  Y  D  N  A
N  Y  U  J  C  I  R  P  X  O  X  R  G  S  R
D  C  F  G  E  Y  R  L  K  W  L  L  H  K  A
B  E  R  P  E  N  D  I  C  W  L  A  R  S  P
L  C  Y  M  E  S  U  R  E  D  D  W  E  W  B
R  H  I  F  Y  D  D  E  G  J  P  Q  A  M  L
```

ONGLAU	PARALELOGRAM
RHIFYDDEG	BERPENDICWLAR
SGWÂR	AMFESUR
CYLCHEDD	POLYGON
DEGOL	RADIWS
DIAMEDR	PETRYAL
HAFALIAD	SWM
FFRACSIWN	CYMESUREDD
GEOMETREG	TRIONGL
CYFOCHROG	CYFROL

21 - Sport

```
W  W  U  S  F  B  K  H  O  D  V  O  T  C  T
Y  N  M  A  E  T  H  O  I  F  O  N  I  Y  K
M  E  M  J  O  K  W  U  S  P  Z  U  N  H  X
H  U  F  Q  N  A  I  C  N  O  L  Q  N  Y  T
Y  D  D  F  Q  B  Y  G  W  D  C  X  S  R  T
F  Y  Y  S  R  W  P  M  A  G  L  O  B  A  M
F  G  G  T  E  O  I  E  D  Y  O  I  U  U  G
O  O  N  D  D  U  C  E  R  Y  E  C  A  L  I
R  R  W  B  F  Q  D  N  C  Q  J  I  Z  L  W
D  A  C  N  Y  N  O  D  L  H  P  E  Q  A  J
D  U  H  Y  R  D  E  I  E  T  Y  B  Q  G  Y
W  M  G  P  C  Y  F  M  M  J  C  D  D  R  G
R  N  M  H  M  H  G  I  L  O  B  A  T  E  M
E  F  U  N  A  G  K  S  R  H  A  G  L  E  N
G  L  A  R  P  Y  N  O  E  A  R  A  W  H  C
```

MABOLGAMPWR	WNEUD Y GORAU
GALLU	METABOLIG
CORFF	CYHYRAU
BEICIO	I NOFIO
DAWNSIO	MAETH
DEIET	NOD
DYGNWCH	ESGYRN
HYFFORDDWR	RHAGLEN
CRYFDER	IECHYD
LONCIAN	CHWARAEON

22 - Mythologie

```
H  S  K  A  A  O  B  U  C  J  M  V  Y  R  R
U  U  D  B  M  B  L  W  D  D  E  M  I  U  Y
R  E  D  F  Y  R  C  G  B  U  L  R  B  H  M
W  R  L  O  W  R  A  M  M  I  L  R  G  J  D
R  C  R  W  L  E  F  Y  H  R  T  M  I  J  D
A  Q  U  E  I  V  D  I  P  W  S  T  I  V  Y
B  E  D  L  O  W  R  A  F  N  A  K  N  R  G
O  V  A  D  I  W  Y  L  L  I  A  N  T  S  I
O  R  E  E  U  F  C  R  E  D  O  A  U  U  A
S  E  R  W  R  A  N  E  G  I  F  N  E  C  D
R  Z  C  H  C  C  B  E  N  I  H  C  Y  R  T
A  L  H  C  J  E  K  T  H  Y  Q  A  U  M  L
G  J  V  S  Y  T  Q  D  J  G  K  U  W  M  K
D  I  A  L  K  D  H  Q  H  M  N  X  K  A  X
L  A  B  Y  R  I  N  T  H  C  E  A  A  X  C
```

TRYCHINEB	ARWR
YMDDYGIAD	ANFARWOLDEB
CREU	CENFIGEN
CREADUR	LABYRINTH
CREDOAU	CHWEDL
DIWYLLIANT	HUDOL
MELLT	ANGHENFIL
CRYFDER	MARWOL
RHYFELWR	MEDDWL
ARWRES	DIAL

23 - Beauté

```
G W A S A N A E T H A U M L S
A N F Y L L K L H T P U A L I
C Y F A N S O D D I A D S I A
R W O B C A B X M I E Y C W M
A S L V I O P B H I C N A D P
S L E Y D N L L W U N K R D A
F R W V Z K C U I P A L A Y E
A U A P Z B R Z R J R A L L B
T C U N J E O A E U G K V I R
S I S W R N E B D S A R G E W
D C A I N J N C N I R U B T N
G R L M P B J A I A F M J S J
G Q Y C P G I N E G O T O F F
L I U C L X T M C N N O G O E
A A Z N H V R P M Y F V R S N
```

CURLS	CYFANSODDIAD
SWYN	MASCARA
SISWRN	DRYCH
COLUR	FRAGRANCE
LLIW	CROEN
CEINDER	FFOTOGENIG
CAIN	MINLLIW
GRAS	GWASANAETHAU
OLEWAU	SIAMP
LLYFN	STEILYDD

24 - Avions

```
S Y N P S E D F Z J E D W K Q
I F Z R E O A D E I L A D U B
J W B U N I I K Y L Y W I O U
K K W C A N R Y W A A N I G X
S S S H H A I I Y W V F T R K
T T T D P L E C A C V V C C
T A Z E A G F Y R N Ŵ L A B T
N W N R L T Y N Z O T C Q B E
H C P W R W C N C I O H M L I
P C V B Y F W W K G F W T Z T
N J J U E D P R Q I A Y F P H
P E I L O T D F R N N D J H W
A W Y R G Y L C H Y T D E T Y
D I S G Y N I A D C U O X Z R
Y C J N V R N E G O R D Y H C
```

AWYRGYLCH	CHWYDDO
GLANIO	UCHDER
ANTUR	CYNIGION
BALŴN	HANES
TANWYDD	HYDROGEN
AWYR	PEIRIANT
ADEILADU	LYWIO
DISGYNIAD	TEITHWYR
CYFEIRIAD	PEILOT
CRIW	CYNNWRF

25 - Aventure

```
G  I  B  O  O  C  N  U  Y  X  H  W  P  Z  K
H  W  O  N  W  A  V  A  I  H  F  Q  D  B  A
A  N  I  A  C  S  W  F  O  R  R  I  E  L  Y
R  E  W  B  H  Y  L  R  U  I  U  Q  N  U  W
D  W  Y  D  D  E  R  A  G  H  T  I  E  W  G
D  Y  L  R  D  A  R  C  L  N  A  M  L  W  A
W  D  L  I  Y  O  I  I  H  A  N  R  R  C  N
C  D  G  O  N  F  L  T  A  F  T  U  E  Y  A
H  V  S  T  E  J  A  Y  H  U  A  A  S  F  R
A  N  H  A  W  S  T  E  R  S  A  N  M  L  F
M  B  U  R  A  T  E  I  T  H  I  O  A  E  E
K  L  H  A  L  D  I  O  G  E  L  W  C  H  R
N  V  Y  P  L  P  E  R  Y  G  L  U  S  I  O
B  R  W  D  F  R  Y  D  E  D  D  D  U  M  L
C  D  E  W  R  D  E  R  S  Y  N  D  O  D  K
```

GWEITHGAREDD	AMSERLEN
HARDDWCH	LLAWENYDD
DEWRDER	NATUR
PERYGLUS	LLYWIO
CYRCHFAN	NEWYDD
HERIAU	CYFLE
ANHAWSTER	PARATOI
BRWDFRYDEDD	DIOGELWCH
GWIBDAITH	SYNDOD
ANARFEROL	TEITHIO

26 - Ville

```
S W T Y U E U M W I D A T S T
K T B I Y O A L A M E N I S H
J P M H E C R V Z E L P H W E
L V D Z T M F I L U S U C C A
V P A F L L Y R E F F A T E T
C F G M L X L C B L G T W B R
C L I N I G P N V O W E S Y T
G L K U A D O L F P O I S T R
W E Y S Y N I K B L R T O Y O
E G S R F B S Q Z Z V S B W M
S R G C D A N H C R A F L B C
T F O N A N P R I F Y S G O L
Y Y L L Y C A M G U E D D F A
X L A R C H F A R C H N A D O
Z L C L S Y P E F E R P I P S
```

MAES AWYR	SIOP LYFRAU
BANC	FARCHNAD
LLYFRGELL	AMGUEDDFA
BECWS	FFERYLLFA
SINEMA	BWYTY
CLINIG	STADIWM
YSGOL	ARCHFARCHNAD
SIOP FLODAU	THEATR
ORIEL	PRIFYSGOL
GWESTY	SW

27 - Ingénierie

```
M  M  P  E  I  R  I  A  N  T  Z  R  A  E  D
U  E  F  C  O  Z  X  J  Q  U  J  I  D  C  Y
Y  D  S  D  T  Y  G  Y  Y  N  O  Y  E  R  F
D  Q  R  U  H  T  Y  W  R  T  S  O  I  Y  N
I  N  N  Y  R  O  N  G  L  X  T  B  L  F  D
A  B  E  E  F  P  Q  N  R  T  N  V  A  D  E
M  E  O  R  D  H  C  L  Y  C  A  E  D  E  R
E  A  M  O  D  U  R  Y  Z  T  I  C  U  R  Q
D  P  R  H  P  V  Q  N  F  Q  H  H  O  A  D
R  P  D  G  E  F  N  L  I  R  T  E  H  B  I
X  X  H  W  A  X  P  G  L  T  I  L  S  Q  E
G  I  H  D  G  I  N  N  Y  C  R  F  E  H  S
U  Z  L  P  X  K  D  T  H  Z  F  E  I  X  E
D  O  S  B  A  R  T  H  U  S  F  A  U  A  L
S  E  F  Y  D  L  O  G  R  W  Y  D  D  H  D
```

ONGL	FFRITHIANT
ECHEL	HYLIF
CYFRIFIAD	PEIRIANT
ADEILADU	MESUR
DIAGRAM	MODUR
DIAMEDR	CYNNIG
DIESEL	DYFNDER
DOSBARTHU	CYLCHDRO
YNNI	SEFYDLOGRWYDD
CRYFDER	STRWYTHUR

28 - Énergie

```
E Z W T K C G P H L H J N U S
T Y R B I N W E S S Y G A G T
Q N A E E R Y R E E D J U V S
O K O S O D N D D E R G Y L L
Y C V J C A T B P M O W I T Z
E N I L O S A G V E G D G N H
B N Y W D A D D Y W E N D A A
E A T R A E L C W I N O E I U
F D T R H M E A K K Z T L D L
K Y F R O S S R Q N L O E Y M
Z R P P I P E B P O O F C W X
F T T J I V I O D Y Q F T I I
M O D U R T D N Z M O A R D E
A M G Y L C H E D D O T O C X
T A N W Y D D S M Z U E N K X
```

BATRI	HYDROGEN
CARBON	DIWYDIANT
TANWYDD	MODUR
GWRES	NIWCLEAR
DIESEL	FFOTON
ENTROPI	LLYGREDD
AMGYLCHEDD	ADNEWYDDADWY
GASOLINE	HAUL
TRYDAN	TYRBIN
ELECTRON	GWYNT

29 - Cuisine

```
N  Z  S  W  L  L  L  E  T  W  A  D  C  N  K
J  A  R  B  L  E  W  Z  C  O  R  E  Y  Z  Q
C  C  Y  X  E  K  O  B  Y  E  V  B  L  W  H
R  H  G  M  G  I  B  C  W  R  S  F  L  C  B
H  C  O  Y  E  V  S  R  S  G  U  H  Y  B  F
E  W  D  P  T  N  K  Y  I  E  G  Y  L  N  X
W  P  E  W  S  B  C  F  S  L  R  W  L  O  I
G  A  F  N  T  T  U  F  Z  L  I  D  D  O  N
E  N  F  Z  M  S  I  C  Z  V  L  I  K  P  W
L  A  S  O  Z  N  Y  C  P  A  N  R  I  O  J
L  U  T  J  W  G  H  K  K  U  A  Y  W  L  L
F  P  L  E  F  Z  G  B  L  S  Y  S  H  Z  R
Q  G  L  E  X  R  N  O  P  A  P  Á  F  L  S
X  S  S  Q  Z  Y  D  W  A  C  Y  I  Q  F  Z
H  O  C  C  P  O  P  T  Y  I  E  T  J  J  O
```

CHOPSTICKS	FFYRC
BOWL	GRIL
TEGELL	LLETWAD
RHEWGELL	BWYD
CYLLYLL	JAR
JWG	RYSÁIT
LLWYAU	OERGELL
SBEISYS	NAPCYN
NODDI	FFEDOG
POPTY	CWPANAU

30 - Corps Humain

```
N  V  H  W  X  C  L  O  D  M  J  I  V  Q  M
Q  D  L  Z  E  H  T  C  E  K  T  A  I  S  L
J  D  A  E  Z  P  W  A  U  L  M  O  A  U  B
F  B  O  L  A  F  D  D  W  G  A  L  O  N  W
F  I  P  E  N  V  D  D  Y  W  G  S  Y  C  C
Ê  T  R  W  Y  N  Y  G  Ê  N  C  X  Z  S  V
R  N  L  C  I  T  N  E  O  A  R  L  L  A  W
R  R  J  N  U  K  N  G  J  D  O  F  A  T  P
G  U  A  S  U  F  E  W  G  B  E  N  Y  W  E
X  W  X  P  W  X  M  M  U  M  N  J  J  D  N
Q  G  A  A  N  J  Y  P  E  N  E  L  I  N  G
U  Z  V  E  B  R  L  C  C  L  U  S  T  A  L
Z  W  J  T  D  Y  H  S  S  V  T  T  A  I  I
O  B  B  E  K  Y  S  E  F  U  Q  Y  N  V  N
N  Y  R  O  N  U  L  D  F  Q  V  J  D  S  I
```

GEG	TAFOD
YMENNYDD	GWEFUSAU
FFÊR	LLAW
GWDDF	ÊN
PENELIN	TRWYN
GALON	CLUST
BYS	CROEN
BOLA	GWAED
YSGWYDD	PEN
PEN-GLIN	WYNEB

31 - Biologie

```
G N H J D K M L Y T T D L P E
P L F F O J Y A M R I K N O S
O R M Y S N E W L E Y H Z S B
S D O Y R B M E U I N E R F L
M R S T G G L M S G D S U S Y
O Y O J E T V A G L O P S Y G
S E M D C I R M I A Q A J M I
I N O R W I N A A D C N N B A
S F R R D Q S L I B E Y A I D
R K C Y V I C I D J L S T O T
I K R L R E Z I B P L Y U S U
A N A T O M E G B B R T R I Q
R E S B I R A D A E T H I S U
H O R M O N E G A L O C O R S
W B A C T E R I A G M O L A T
```

ANATOMEG	TREIGLAD
BACTERIA	NATURIOL
CELL	NERF
CROMOSOM	NIWRON
COLAGEN	OSMOSIS
EMBRYO	PROTEIN
ENSYM	YMLUSGIAID
ESBLYGIAD	RESBIRADAETH
HORMON	SYMBIOSIS
MAMAL	SYNAPSE

32 - Épices

```
C U S G M O M A D R A C S T F
O K A I F F E N I G L S Y X O
R L L F N S I N S I R P A R G
I Q B A I A L I C O R I C E I
A T N X M G M B G N U Q E K U
N N C Y W E W O R H P H U L M
D K Z C C T R C N G U P N E K
E D U Y H H F V F E P Y I O O
R F T U Y A F U W L A F O O R
B S A S G L A R M L N A N G F
A S H T N E S S U R I N M W Z
B L M C Y N M N J A S I G Y U
C H W E R W N T W G E L K I R
P A P R I K A K Y Q J A B D X
M W E S N B H T M N W G I O N
```

SUR	SINSIR
GARLLEG	NYTMEG
CHWERW	UNION
ANISE	PAPRIKA
SINAMON	PUPUR
CARDAMOM	LICORICE
CORIANDER	SAFFRWM
CWMIN	BLAS
CYRI	HALEN
FFENIGL	FANILA

33 - Agronomie

```
G W Y D D O N I A E T H O V J
N G X E C O L E G Y Y N R C S
V W R E A I Y C V P N X N L L
M L W M D M I M M T T N Z E L
J E L C D R F M C A L Y I F Y
F D X X E E P P D H E M C Y G
G I G Q H F Q N O Y W C W D R
H G N X C F Y M B F D I L A E
T W F L L Y S I A U Ŵ B L U D
L K C H Y Q X C N W R O X B D
Z I K E G J Y M D W I M S W Y
D M V L M D K U A M E T S Y S
G W R T A I T H P R I D D D Y
C Y N H Y R C H U A D A H G J
A S T U D I A E T H G Y E A K
```

FFERMIO
TWF
DŴR
GWRTAITH
AMGYLCHEDD
ECOLEG
YNNI
ASTUDIAETH
HADAU
ADNABOD

LLYSIAU
CLEFYDAU
BWYD
LLYGREDD
CYNHYRCHU
YMCHWIL
GWLEDIG
GWYDDONIAETH
PRIDD
SYSTEMAU

34 - Science

```
D A T A J V V B T C N T J L M
I E V L O G E M E C S I F A O
K N Z I L I X N K A J Z W B L
X O T V V U T V G D Z V A O E
H I N S A W D D N A T U R R C
G G A A O F V M D I I E B D I
W I I Q C A L U W G B A R Y W
Y H H A T O M H P Y E W A R L
D N C E I R J T H L N D T O A
D A R F F O S I L B A A E G U
O L Y Z T M L A T S G K U H I
N P G E S I F F P E R P F K N
Y V S G W T N F Q D O P E Z O
D E I G R O N Y N N A U K P G
D B D D D A M C A N I A E T H
```

ATOM
CEMEGOL
HINSAWDD
DATA
ARBRAWF
ESBLYGIAD
FFAITH
FFOSIL
DISGYRCHIANT
DDAMCANIAETH

LABORDY
DULL
MWYNAU
MOLECIWLAU
NATUR
ORGANEB
GRONYNNAU
FFISEG
PLANHIGION
GWYDDONYDD

35 - Vêtements

```
G H X B G W R E G Y S Y R C I
I W C R R V B G U S A N G M V
N I I G E E H T E H M T Z T C
E B I S L L I Ô K G A N J U L
M J B J G S G C F C J H Î F I
Z N T H K W F N H X Y P N A S
W P G O D E F F U L P M S P E
S G E R T V R A A G E K E B S
V E Z P R N A D L S U D I C U
G S U Q H X G N A T I S U Z F
S G A T Z S S A D N W W K W S
N I Z F L S C B N A Y O N F O
A D E C A I S O A P M L U L G
C H W Y S W R D S P A B N S L
Z R K M W L C X F L N K X H A
```

BREICHLED	SGERT
GWREGYS	CÔT
HET	FFASIWN
ESGID	PANTS
CRYS	CHWYSWR
BLOWS	PYJAMAS
ADNABOD	GWISG
SGARFF	SANDALAU
MENIG	FFEDOG
JÎNS	SIACED

36 - Méditation

```
E  B  K  N  V  D  D  H  P  W  M  D  I  H  T
D  A  O  D  V  N  O  R  F  F  E  F  Y  D  O
A  A  H  L  C  Y  O  L  Z  I  D  M  Y  D  S
N  F  W  H  J  B  I  D  Y  F  D  X  R  Q  T
A  L  Q  E  T  R  O  S  G  O  W  L  Y  S  U
D  L  F  Y  L  E  E  B  X  I  L  U  L  H  R
L  R  V  T  L  D  A  I  D  U  M  Y  S  E  I
U  E  N  A  H  N  O  I  R  E  F  R  A  D  T
D  I  O  L  C  H  G  A  R  W  C  H  G  D  H
M  E  D  D  Y  L  I  O  L  O  N  X  Q  W  Y
E  G  L  U  R  D  E  R  C  Y  D  A  V  C  J
S  A  F  B  W  Y  N  T  X  I  M  D  T  H  P
C  A  R  E  D  I  G  R  W  Y  D  D  R  U  B
V  M  Q  J  E  M  O  S  I  Y  N  A  U  E  R
D  I  S  T  A  W  R  W  Y  D  D  W  F  P  C
```

DERBYN	ARFERION
SYLW	MEDDYLIOL
DAWEL	SYMUDIAD
EGLURDER	CERDDORIAETH
TOSTURI	NATUR
MEDDWL	HEDDWCH
EMOSIYNAU	SAFBWYNT
EFFRO	OSGO
CAREDIGRWYDD	ANADLU
DIOLCHGARWCH	DISTAWRWYDD

37 - Littérature

```
D C R F Y W H V W H A D C C R
X A W R Y M H T Y H R E B Y N
F L D O C T H E M A D I R M K
C R D A U E O A Y B D A A H W
A L O D N X R A H J U L R A C
S I R T Y S R D T E L O I R A
Q G D B R B O K D F L G N I S
A T A Z J O Q D B S X D O A G
A W D U R V S D D Z Z Q F E L
C H W E D L B I T I C F E T I
F F U G L E N E A C A C L H A
B A R D D O N O L D A D L K D
U D T C Y F A T E B I A E T H
L K H O D I S G R I F I A D V
Y M G B Y W G R A F F I A D R
```

CYFATEBIAETH
DADANSODDIAD
CHWEDL
AWDUR
BYWGRAFFIAD
CYMHARIAETH
CASGLIAD
DISGRIFIAD
DEIALOG
FFUGLEN

TROSIAD
ADRODDWR
CERDD
BARDDONOL
ODL
NOFEL
RHYTHM
ARDDULL
THEMA

38 - Nourriture #1

```
L S U Z D G F T N G G I C S J
L W I I L P U M F E E P E D C
A J H W L P Y E K L L I S A B
E V M M G V W F G L L A B Z T
T E Y L C R T U N Y R M H M C
H D A L A S S S C G A I Z O X
Y D N W Q S H L T O G N I R Y
S I N A M O N U Z A F H E O L
S A M C G T A N W I T F R N E
K H D T A N T I I N I X I Y M
K R Q S Y L G O G I B S F L O
D P T Q N X E N X Q T I H S N
Q I L T K W M H S T H W X G X
P F N C N N G X K S U D D Y O
W H S C L W Z A S P Z O L B W
```

GARLLEG	MAIP
BASIL	UNION
COFFI	HAIDD
SINAMON	GELLYG
MORON	SALAD
LEMON	HALEN
SBIGOGLYS	CAWL
MEFUS	SIWGR
SUDD	TIWNA
LLAETH	CIG

39 - Jours et Mois

```
U  Y  D  C  H  W  E  F  R  O  R  M  I  I  X
H  D  Y  X  E  M  H  N  D  R  N  A  T  P  D
X  Y  D  M  B  O  U  E  I  W  W  W  Q  K  Y
W  D  D  U  F  A  N  N  E  F  F  R  O  G  D
Y  D  S  A  W  S  T  Z  M  Z  E  T  V  Q  D
T  I  A  T  A  C  H  W  E  D  D  H  Q  L  L
H  A  D  D  Y  D  D  M  E  R  C  H  E  R  L
N  U  W  D  Y  D  D  M  A  W  R  T  H  M  U
O  M  R  D  Y  D  D  G  W  E  N  E  R  D  N
S  B  N  J  M  U  V  H  G  A  F  A  I  Y  D
H  C  M  C  E  C  A  L  E  N  D  R  O  D  Q
X  P  Z  S  D  M  S  N  F  D  D  A  N  D  H
R  R  I  M  I  Y  F  X  E  Y  X  A  A  S  F
M  O  D  M  Q  M  H  Y  D  R  E  F  W  U  P
E  B  R  I  L  L  U  Y  W  L  B  I  R  L  R
```

AWST	DYDD MAWRTH
EBRILL	MAWRTH
CALENDR	DYDD MERCHER
DYDD SUL	MIS
CHWEFROR	TACHWEDD
IONAWR	HYDREF
DYDD IAU	DYDD SADWRN
GORFFENNAF	WYTHNOS
MEHEFIN	MEDI
DYDD LLUN	DYDD GWENER

40 - Jardinage

```
B  R  F  R  J  R  D  C  A  T  H  C  T  B  P
R  H  Q  Q  E  G  S  O  T  I  G  Y  U  E  B
N  Y  D  O  L  B  F  T  S  C  W  N  S  R  G
Y  W  D  A  T  Y  W  B  O  I  N  H  W  L  W
E  O  L  Q  Q  S  X  N  P  O  C  W  I  L  A
U  G  O  O  G  A  Q  J  M  Q  R  Y  R  A  R
F  A  R  Y  G  R  Ŵ  D  O  U  B  S  E  N  B
I  E  O  R  Q  E  L  D  C  W  S  Y  D  H  L
W  T  H  J  K  E  N  W  M  H  E  D  H  M  O
P  H  M  B  A  W  Z  A  N  U  M  D  T  P  D
R  A  Y  H  U  G  H  S  T  Q  D  A  I  L  A
I  U  T  M  A  B  R  N  O  O  Q  P  E  F  U
D  A  C  D  O  D  C  I  P  I  B  E  L  L  U
D  S  U  R  R  W  A  H  S  P  J  P  L  U  Q
R  D  N  Z  K  K  T  U  I  E  V  Z  R  E  M
```

BOTANEGOL	BLODAU
TUSW	HADAU
HINSAWDD	LLEITHDER
BWYTADWY	CYNHWYSYDD
COMPOST	TYMHOROL
DŴR	BAW
RHYWOGAETHAU	PRIDD
EGSOTIG	PIBELL
DAIL	BERLLAN
BLODYN	

41 - Entreprise

```
B N P L L C Y F L O G A I N W
C U E C O N O M E G G V F W V
O H D I K T J C Y L L I D Y X
S T S D C E R A E D H H D D F
T R I B S G D A S C W T H D F
Y E O V T O E R F Z A E J A A
C W P F B W D E Q O T R R U T
U G A V E F B D B P D T T H R
S W Y D D F A J I N M W C V I
P L Q U I Y W Z V A A R I A N
X E F U L Q M W F Z D F U N O
W C Y F L O G W R G Y R F A A
Y T C Y Y W Y J C R L P Q Z H
D A C R C W C E E N Z U O X H
L N T I T N W O G S I D E M T
```

ARIAN	CYLLID
SIOP	TRETHI
CYLLIDEB	BUDDSODDIAD
SWYDDFA	NWYDDAU
GYRFA	ELW
COST	INCWM
CYFLOGWR	DISGOWNT
CYFLOGAI	TRAFOD
CWMNI	FFATRI
ECONOMEG	GWERTHU

42 - Activités

```
G X A E X H S H P V O Q C P S
D W L L Y O H A C Y I Q N O T
B T N A R L K M E G S A V S C
N S G Ï O R T D R A N G L A Y
H U D L O B P D A R W G O U A
D A R L L E N E M D A W I T M
P W E T W M F N E D D A C G A
Q Q S B K M Y L G I J U I U L
Z O E Z Z S M M F O T E E D E
N I L R V A B W L J J H H C H
T I P S S O Z P E A G E M A U
K N T T K A K C C B C Q B J G
D I D D O R D E B A U I F Z X
G W E I T H G A R E D D O Y Y
C R E F F T A U R W M G P V U
```

GWEITHGAREDD
CELF
CREFFTAU
CERAMEG
HELA
GWNÏO
DAWNSIO
DIDDORDEBAU
GARDDIO
GEMAU

DARLLEN
HAMDDEN
HUD
PYSGOTA
PLESER
POSAU
HEICIO
YMLACIO
GWAU

43 - Mode

```
L E D U P J Y Y W J T F P Z D
B L D H Y X G M S M R J E H I
O O E C A L D K A W X I C S L
Q C U I F W O Y O R T A A Y L
O Z T T A N E E B T F O I M A
T L S B I F G W E A D E N L D
O B J F I Q H Z R P P U R L Q
A P J Q U F U S I J D R E O G
R T T E P H Q E S F C K D R L
D M E S U R I A D A U M O D D
D E C Y F F O R D D U S M E R
U A M Y T O B C W F G J L M U
L G W R E I D D I O L L Y Y D
L B R O D W A I T H C N K C H
F F O R D D I A D W Y P D C H
```

FFORDDIADWY	MODERN
BOUTIQUE	CYMEDROL
BOTYMAU	PATRWM
BRODWAITH	GWREIDDIOL
DRUD	YMARFEROL
CYFFORDDUS	SYML
LACE	ARDDULL
CAIN	TUEDD
MESURIADAU	GWEAD
LLEIAF	DILLAD

44 - Nourriture #2

```
E G G P L A N T D T Y E P G D
M A N G O N W V F O K I D W I
A A H P S W Y I Z M X H B T F
A D H T I N E W G A I C L E L
L Y M D E Y D I I T C T V U D
M A D A R C H C Z O Z Q T B O
R N I W N W A R G J Z E W K U
H A O F D O G S Y P C P H T U
K N I M E Y B Q P B Z S E A B
K A U Y L B A R A A U E L I S
X B T H C A C S D N B L T B N
Q V X G O C X F W S W E A Z S
Q P S H I L O C O R B R R F H
V Z W U S O I R I E C I X D A
Y N N W Y I V F C Y W I Â R T
```

ALMON	CIWI
EGGPLANT	MANGO
BANANA	WY
GWENITH	BARA
BROCOLI	PYSGOD
CEIRIOS	AFAL
SELERI	CYW IÂR
MADARCH	GRAWNWIN
SIOCLED	REIS
HAM	TOMATO

45 - Algèbre

```
S  U  C  J  X  U  P  T  G  D  C  L  I  R  T
Y  I  K  R  H  C  S  U  R  U  K  M  Y  V  N
M  A  R  G  A  I  D  J  A  O  F  B  X  A  T
L  O  N  I  L  L  E  H  F  D  T  E  W  T  A
E  M  A  T  R  I  C  S  F  T  N  C  V  E  G
I  E  A  N  N  H  D  F  E  O  U  D  A  B  U
D  L  N  Q  Y  I  A  L  W  I  M  R  O  F  F
D  B  F  V  D  G  A  F  P  V  S  S  S  P  F
I  O  E  Z  I  C  K  M  A  Z  Q  U  U  O  A
O  R  I  G  W  W  K  W  W  L  X  W  W  K  S
Z  B  D  A  E  D  L  S  R  P  I  S  R  E  U
P  I  R  U  N  N  Y  T  H  S  H  A  B  K  Z
S  E  O  B  R  O  T  G  I  E  P  J  D  K  O
F  C  L  B  T  V  O  I  F  R  G  Y  I  Y  M
F  F  R  A  C  S  I  W  N  O  B  C  N  P  G
```

DIAGRAM	RHIF
HAFALIAD	BROBLEM
FFACTOR	MAINT
FFUG	SYMLEIDDIO
FFORMIWLA	ATEB
FFRACSIWN	SWM
GRAFF	TYNNU
ANFEIDROL	NEWIDYN
LLINOL	SERO
MATRICS	

46 - Océan

```
N  K  S  R  I  G  Q  F  O  A  B  C  M  U  C
O  Y  Z  V  F  B  C  W  S  A  N  W  I  T  W
M  C  H  L  L  Y  S  Y  W  O  D  R  Y  K  C
Y  N  T  R  G  L  E  X  Z  E  O  E  L  S  H
W  A  R  O  M  V  S  Q  R  B  G  L  L  L  B
G  R  Ô  I  P  L  R  D  B  B  S  I  L  V  X
W  C  M  I  D  W  Z  X  Y  L  Y  F  A  C  M
G  I  D  U  P  B  S  B  I  R  P  R  N  I  E
L  F  O  H  R  V  W  R  A  Q  I  O  W  M  M
A  L  R  S  Y  R  T  S  Y  W  R  M  Q  Q  Q
H  C  F  Y  I  D  D  O  N  M  I  F  J  A  R
N  A  E  D  N  A  B  W  R  C  K  W  Y  P  I
G  N  L  R  O  F  R  S  T  O  R  M  A  K  K
S  J  G  E  F  T  N  C  T  O  N  N  A  U  S
V  C  S  B  N  I  F  F  L  O  D  K  I  Y  V
```

GWYMON	LLANW
LLYSYWOD	SGLEFROD MÔR
MORFIL	PYSGOD
CWCH	OCTOPWS
CWREL	SIARC
CRANC	HALEN
BERDYS	STORM
DOLFFIN	TIWNA
NODDI	CRWBAN
WYSTRYS	TONNAU

47 - Remplir

```
Z  J  F  V  B  D  L  M  Y  W  K  G  V  Q  E
F  G  F  D  A  W  C  Q  G  I  R  W  Z  C  M
I  P  O  A  S  W  T  W  J  P  F  Z  Y  Z  M
M  U  L  E  N  O  T  R  A  C  L  F  M  V  E
D  D  D  B  G  P  K  S  V  P  S  M  J  Z  C
P  D  E  Q  R  O  H  R  G  A  S  G  E  N  Q
T  E  R  S  Ê  C  C  A  W  E  L  L  V  D  D
Q  G  C  I  R  E  W  J  H  S  E  T  I  D  R
I  S  W  Y  X  D  L  Z  H  A  T  J  I  R  Ô
G  A  B  P  N  E  B  B  M  V  O  V  Y  W  R
T  B  Q  V  H  C  H  O  J  V  P  A  H  B  B
L  M  V  W  P  W  R  R  R  F  P  M  K  M  X
E  H  U  Z  G  B  Y  B  Q  N  Q  L  S  A  V
W  N  C  X  Z  Q  I  H  R  G  P  E  N  H  E
Q  H  Z  N  L  T  Q  I  F  W  U  N  Y  A  T
```

TWB	PECYN
GASGEN	HAMBWRDD
BASN	POCED
BLWCH	JAR
POTEL	BAG
CAWELL	BWCED
CARTON	DRÔR
FFOLDER	TIWB
AMLEN	CÊS
BASGED	VASE

48 - Antiquités

```
D D W A S N A B D H E I C P P
A K Z L C L L U D D R A A A A
R G I J X G L D S J C L N E D
N U L F R E C D E Y E F R N D
A A P E E H F S X R L B I T U
U N R M I T S O Y C F I F I R
A A I H H R D D A N G F D A N
R R S E T E O D D Y T Y M D O
I F D N F W W I F A Y V I A L
A E C O Z G H A E Z S S Z U D
N R F Y D J C D R Z D N D L L
I O H I S R G E M W A I T H I
A L D O N R E C Z F M X I K T
C R F T C I K F Y D C I A J A
E K H N X T K B N S N F R W J
```

CELF
DILYS
GEMWAITH
ADDURNOL
CAIN
ORIEL
ANARFEROL
BUDDSODDIAD
DODREFN
PAENTIADAU

DARNAU ARIAN
PRIS
ANSAWDD
ADFER
CERFLUN
CANRIF
ARDDULL
GWERTH
HEN

49 - Boxe

```
P G W R T H W Y N E B Y D D C
E Y O E E C Y X F F O C W S Y
N A V F Y O I C I C B K G B F
E Ê P D T L V L N M U N H H L
L D W A C C L S L Q A S R O Y
I U Y A L O T M H K G I N E M
N S N C N A R D D A N G O S E
L I T V R A R G Z G C V I C I
S L I W E H F F R O C H N W Y
L P A G D L A I T L R C Q Z L
N A U T F I B F A D W R N T C
T D C Q Y Q Y I F D D A L M Y
T L E N R O C L E A A H E R F
X Z G S C Y P Q K B U U C H F
C A N O L W R M M A V H P J B
```

GWRTHWYNEBYDD
CANOLWR
ANAFIADAU
CLOCH
CORNEL
YMLADD
FFOCWS
RHAFFAU
CORFF
PENELIN

CICIO
ARDDANGOS
CRYFDER
MENIG
ÊN
DWRN
PWYNTIAU
CYFLYM
ADFER

50 - Réchauffement Climatique

```
A  P  A  R  G  Y  F  W  N  G  P  W  W  Z  U
M  O  T  Y  M  H  E  R  E  D  D  H  S  O  Y
G  B  O  J  G  H  O  H  J  S  C  N  A  W  R
Y  L  X  J  W  D  I  U  G  Y  L  B  T  A  D
L  O  G  F  Y  I  N  N  Y  L  D  V  H  C  D
C  G  I  X  D  W  W  X  S  W  G  T  T  Y  Y
H  A  T  A  D  Y  W  N  Q  A  H  L  E  N  F
E  E  C  L  O  D  S  X  U  M  W  Y  A  E  O
D  T  R  O  N  I  Y  M  S  U  W  D  R  F  D
D  H  A  M  Y  A  Z  L  K  M  A  D  D  I  O
O  A  Y  U  D  N  L  C  F  P  Z  C  O  N  L
L  U  N  H  D  T  G  Q  X  V  J  H  W  O  W
C  E  N  E  D  L  A  E  T  H  A  U  Y  E  X
R  H  Y  N  G  W  L  A  D  O  L  R  L  D  I
D  E  D  D  F  W  R  I  A  E  T  H  L  D  Q
```

ARCTIG	CENEDLAETHAU
SYLW	LLYWODRAETH
HINSAWDD	CYNEFINOEDD
ARGYFWNG	DIWYDIANT
DATBLYGU	RHYNGWLADOL
DATA	DEDDFWRIAETH
AMGYLCHEDDOL	NAWR
YNNI	POBLOGAETHAU
DYFODOL	GWYDDONYDD
NWY	TYMHEREDD

51 - Ballet

```
C T E C H N E G D C I C T A M
R Y W S N W A D W Y S O O R Y
U M H T Y H R N Y F R R C T N
I G S Y G T R G S A E E Y I E
Y J P G R E L Y E N W O M S G
U S Z N U A L N D S G G E T I
D L T Y H I U U D O O R R I A
C Q T U G R D L D D S A A G N
B P C S M O D L C D G F D O N
A F R O D D R E C W E F W H O
U N A W D D A I B R I I Y D L
K D Y M E R J D O X D S A F M
N D J P E E S F W B D M E E S
M F D Y D C J A N Q I A T C R
Y M A R F E R R E D G T H Q D
```

CYMERADWYAETH
ARTISTIG
COREOGRAFFI
CYFANSODDWR
DAWNSWYR
MYNEGIANNOL
YSTUM
GOSGEIDDIG
DWYSEDD
GWERSI

CYHYRAU
CERDDORIAETH
CERDDORFA
GYNULLEIDFA
YMARFER
RHYTHM
UNAWD
ARDDULL
TECHNEG

52 - Fruit

```
H  K  Q  W  I  V  C  I  P  O  H  U  O  D  B
U  A  M  M  M  P  S  Q  N  X  C  C  U  I  A
M  B  U  K  G  Z  J  G  O  N  I  X  N  C  N
M  E  O  B  I  E  N  I  R  A  T  C  E  N  A
A  L  L  S  F  A  L  P  E  Q  N  H  D  W  N
F  E  E  O  F  F  C  L  A  V  A  U  G  J  A
O  M  Y  I  N  A  C  L  Y  P  M  A  N  G  O
N  O  E  R  Q  L  I  Y  J  G  A  N  D  Y  D
I  N  W  I  W  I  C  C  D  U  F  I  K  B  A
R  E  F  E  X  P  D  I  F  W  H  W  A  Q  C
I  R  H  C  A  E  P  R  N  G  K  N  B  Z  O
E  O  P  U  M  Y  S  B  I  H  D  W  I  Q  F
T  B  I  D  P  Q  D  J  I  J  W  A  E  S  A
U  B  F  L  P  N  X  E  J  Y  V  R  U  X  M
J  A  Y  N  Y  L  W  M  F  L  P  G  C  V  R
```

BRICYLL	MANGO
AFOCADO	MELON
AERON	NECTARINE
BANANA	OREN
CEIRIOS	PAPAIA
LEMON	PEACH
FFIG	GELLYG
MAFON	AFAL
GUAVA	EIRIN
CIWI	GRAWNWIN

53 - Musique

```
V I Y K G I M H T Y H R I M D
U S T K N C V O A I H J J T N
G V E W N G E M X R S F Q D Y
C A L O F F E R Y N M W B L A
W L Y H A R M O N I G O D I G
Z A N C Z K S C H U A U N A C
B W E L R O P E R A L O O I Q
A F G A A P N D I O I G F E Q
R X O S R M C G V C D H F X W
D D L U H E A E M U O D O X W
D K Z R Y T N A Q O N M R K G
O B Q O T E W I U V F F C E O
N W D L H W R A S T O J I V C
O S I N M B A L E D C I E R T
L C E R D D O R O L Q K M K B
```

ALBWM	ALAW
BALED	MEICROFFON
CANU	CERDDOROL
CANWR	CERDDOR
CLASUROL	OPERA
COFNODI	BARDDONOL
HARMONI	RHYTHM
HARMONIG	RHYTHMIG
OFFERYN	TEMPO
TELYNEGOL	

54 - Météo

```
J  T  A  I  U  U  N  K  K  E  M  Z  W  V  X
F  T  W  D  Q  W  E  O  E  W  Z  Q  N  J  X
N  R  Y  C  A  W  Y  R  A  L  O  P  F  L  K
A  O  R  O  Q  J  L  E  W  A  M  L  L  B  C
C  F  G  R  G  N  O  D  A  N  R  O  T  E  Q
N  A  Y  W  U  T  Q  H  Q  T  O  W  X  M  Y
F  N  L  Y  Q  Y  M  C  K  H  T  D  Z  P  Q
H  N  C  N  R  M  S  Y  C  H  S  Y  F  N  E
N  O  H  T  O  H  N  S  D  A  W  E  L  P  A
I  L  W  S  I  E  F  H  I  N  S  A  W  D  D
W  U  A  N  A  R  A  T  I  G  W  Y  N  T  D
L  W  M  W  C  E  F  W  G  Â  V  A  D  T  K
E  O  U  P  Z  D  C  O  V  S  U  A  Y  M  Q
A  L  Q  I  V  D  J  M  P  Q  Z  A  T  X  M
Q  M  M  O  N  S  Ŵ  N  U  J  T  W  N  E  N
```

ENFYS	CORWYNT
AWYRGYLCH	POLAR
AWEL	SYCH
NIWL	SYCHDER
DAWEL	TYMHEREDD
AWYR	STORM
HINSAWDD	TARANAU
IÂ	TORNADO
MONSŴN	TROFANNOL
CWMWL	GWYNT

55 - L'Entreprise

```
N  V  C  L  H  T  D  C  Y  H  Q  L  N  D  Q
A  R  L  O  E  S  O  L  Y  S  J  G  P  D  J
U  N  E  D  A  U  P  T  G  N  A  E  D  Y  B
C  R  E  A  D  I  G  O  L  R  N  G  S  N  N
D  I  W  Y  D  I  A  N  T  I  A  Y  R  N  G
A  M  D  Y  K  G  T  Y  O  S  U  V  R  Y  W
I  N  B  U  S  N  E  S  T  G  W  C  W  C  F
N  S  S  K  K  M  O  W  N  I  A  L  C  T  H
Y  O  U  A  D  D  O  N  D  A  J  R  D  H  T
W  T  N  G  W  V  S  B  R  U  E  N  W  D  A
L  H  E  U  A  D  A  I  D  D  E  U  T  Q  Z
F  Z  M  K  A  E  D  R  E  F  E  N  I  W  C
Y  P  O  S  I  B  I  L  R  W  Y  D  D  V  B
C  Y  F  L  O  G  A  E  T  H  S  B  S  L  O
B  U  D  D  S  O  D  D  I  A  D  T  Y  F  V
```

BUSNES	CYNNYRCH
CREADIGOL	CYNNYDD
CYFLOGAETH	ANSAWDD
BYD-EANG	ADNODDAU
DIWYDIANT	REFENIW
ARLOESOL	ENW DA
BUDDSODDIAD	RISGIAU
POSIBILRWYDD	TUEDDIADAU
CYFLWYNIAD	UNEDAU

56 - Gouvernement

```
C  A  D  C  B  T  C  A  F  N  H  W  V  Y  B
E  N  R  Y  E  V  R  E  O  Y  S  A  S  S  P
N  N  C  F  D  H  A  A  N  G  Q  C  Z  W  R
E  I  Y  A  L  T  N  B  F  E  H  B  V  W  U
D  B  F  N  O  E  N  E  A  O  D  F  A  F  A
L  Y  I  S  D  A  B  N  H  R  D  L  V  D  I
A  N  A  O  D  I  W  E  T  X  N  A  U  I  L
E  I  W  D  A  R  E  H  I  D  A  W  E  H  W
T  A  N  D  R  W  R  L  A  D  R  A  R  T  A
H  E  D  I  D  D  Y  H  R  L  A  I  H  O  H
O  T  E  A  Y  A  Z  E  F  K  I  A  F  A  L
L  H  R  D  C  L  G  X  Y  D  T  M  S  U  K
A  L  O  N  Y  W  L  X  C  U  H  A  W  R  J
S  I  F  I  L  H  E  D  D  Y  C  H  L  O  N
D  I  N  A  S  Y  D  D  I  A  E  T  H  N  K
```

DINASYDDIAETH	ANNIBYNIAETH
SIFIL	BARNWROL
CYFANSODDIAD	CYFIAWNDER
ARAITH	RHYDDID
TRAFODAETH	CYFRAITH
ARDAL	HENEB
HAWLIAU	CENEDL
CYDRADDOLDEB	CENEDLAETHOL
WLADWRIAETH	HEDDYCHLON

57 - Randonnée

```
P E R Y G L O N K P G G B P F
G S F H B P C X A A N W G A L
E Y Q D D Y W Y T R G E W R I
D C E R R I G D T C H R Y A N
Ŵ Z Z D D W A S N I H S L T E
R D M H S H P I Q A W Y L O D
N L M W L A K D L U Z L T I I
N A T U R U H U U I G L T G G
Y X D C Y L B O A X E A Z D K
W C A N L L A W I A U F G D T
G V A J P H X V D K Y O I Y W
O W D H D A I R I E F Y C N H
L H W K X B I M G G Z I G Y A
C G Q T R W M A S U W V I M B
L S W T V N P P E S U T Q D B
```

ANIFEILIAID
ESGIDIAU
GWERSYLLA
MAP
HINSAWDD
PERYGLON
DŴR
CLOGWYN
FLINEDIG
CANLLAWIAU

TRWM
TYWYDD
MYNYDD
NATUR
CYFEIRIAD
PARCIAU
CERRIG
PARATOI
GWYLLT
HAUL

58 - Art

```
Y  C  J  P  P  W  H  S  Y  M  B  O  L  P  C
S  Y  P  E  C  B  T  W  B  T  B  R  F  A  E
B  F  W  R  E  B  E  E  Y  S  Y  Q  P  E  R
R  A  N  S  R  A  A  U  P  L  S  T  O  N  F
Y  N  C  O  A  R  L  H  X  M  I  N  V  T  L
D  S  G  N  M  D  A  N  N  Y  Z  A  A  I  U
O  O  W  O  I  D  E  K  U  S  M  I  U  A  N
L  D  E  L  G  O  R  M  M  W  U  G  D  D  Q
I  D  L  O  L  N  W  A  W  Y  M  E  A  A  S
D  I  E  S  A  I  S  H  F  V  F  N  E  U  B
M  A  D  L  F  A  O  E  N  F  F  Y  R  E  D
R  D  O  W  E  E  M  K  U  A  I  M  T  R  B
G  W  L  B  N  T  S  E  N  O  G  I  R  C  A
D  H  T  E  L  H  M  Y  C  O  U  Z  O  T  K
G  W  R  E  I  D  D  I  O  L  R  M  P  N  S
```

CERAMIG	GWREIDDIOL
CYMHLETH	PAENTIADAU
CYFANSODDIAD	PERSONOL
CREU	BARDDONIAETH
PORTREADU	CERFLUN
MYNEGIANT	SYML
FFIGUR	PWNC
ONEST	SWREALAETH
HWYLIAU	SYMBOL
YSBRYDOLI	GWELEDOL

59 - Nutrition

```
B  I  C  I  O  W  G  P  D  T  S  A  W  S  P
C  L  H  T  E  A  W  H  C  R  A  Q  J  Y  W
F  H  A  U  M  S  Y  S  I  E  B  S  U  W  Y
I  C  W  S  T  I  W  V  C  U  H  Y  L  B  S
T  B  K  E  L  C  D  W  E  L  I  H  N  T  A
A  P  C  L  R  D  A  H  D  I  B  T  F  Y  U
M  N  H  P  Q  W  T  N  Z  A  L  Q  W  C  L
I  U  L  E  T  R  Y  G  S  D  Y  H  C  E  I
N  M  P  T  H  W  W  R  W  A  O  N  Z  K  M
P  W  Y  H  S  T  B  Y  N  Y  W  N  E  W  G
Z  Y  K  I  A  C  H  T  E  I  E  D  G  N  M
G  A  L  O  R  Ï  A  U  R  W  S  G  D  C  N
P  R  O  T  E  I  N  A  U  A  F  I  L  Y  H
C  A  R  B  O  H  Y  D  R  A  D  A  U  V  J
U  T  Q  T  G  A  C  I  J  V  A  Z  Y  P  P
```

CHWERW	HYLIFAU
ARCHWAETH	PWYSAU
GALORÏAU	PROTEINAU
BWYTADWY	ANSAWDD
DEIET	IACH
TREULIAD	IECHYD
SBEISYS	SAWS
CYTBWYS	BLAS
EPLESU	GWENWYN
CARBOHYDRADAU	FITAMIN

60 - Créativité

```
J E M O S I Y N A U E G D M D
A R T I S T I G J W X N I Y I
O Q T E G L U R D E R P G N L
S L B U D D S O D D I D Y E Y
D N G C Z D W Y S E D D M G S
I E R H N O H F M R R E E I R
M T E S D M G Y Z N L W L A W
U A D A I N Y S L I F L L N Y
X V D A F Q L E C I F E Q T D
D S F H L U M N H H F D U J D
H F C U B M D L R C A E N O L
X K M J E I I M L T R U D W B
Z Z R F K O D E Q D G P A D F
D R A M A T I G T E R A A A D
T E I M L A D A U I A N X I J
```

ARTISTIG
DILYSRWYDD
EGLURDER
DRAMATIG
MYNEGIANT
EMOSIYNAU
HYLIFEDD
SYNIADAU

DELWEDD
ARGRAFF
DWYSEDD
GREDDF
BUDDSODDI
TEIMLAD
TEIMLADAU
DIGYMELL

61 - Science Fiction

```
I  D  I  R  G  E  L  T  Z  O  T  S  G  Y  K
O  K  O  I  I  G  H  X  Q  C  F  E  A  A  X
E  L  R  O  B  O  T  I  A  I  D  N  L  X  B
L  O  F  A  H  T  I  E  Y  Q  D  A  A  B  U
O  N  F  J  T  S  H  Y  P  P  I  R  E  J  Q
G  W  Y  C  H  O  R  T  Â  N  A  I  T  Q  E
Y  L  G  Y  K  T  M  L  K  I  L  O  H  Y  Y
M  R  X  X  Q  U  V  I  I  R  O  Y  M  J  L
H  O  R  A  C  L  E  X  G  H  D  I  V  R  P
C  Y  R  J  G  S  O  A  I  P  O  T  U  C  X
Y  X  O  U  O  I  R  U  A  R  F  Y  L  L  M
D  G  E  L  O  N  H  C  E  T  Y  B  Y  D  N
D  H  D  P  D  E  N  A  L  B  D  E  U  X  P
U  N  Y  R  T  M  F  F  R  W  Y  D  R  A  D
G  T  T  P  T  A  R  E  A  L  I  S  T  I  G
```

ATOMIG	LLYFRAU
SINEMA	BYD
FFRWYDRAD	DIRGEL
EITHAFOL	ORACLE
GWYCH	BLANED
TÂN	REALISTIG
DYFODOLAIDD	ROBOTIAID
GALAETH	SENARIO
RHITH	TECHNOLEG
DYCHMYGOL	UTOPIA

62 - Professions #1

```
D A F W K V Q R K K N X Q T Z
A P O R S G W C W H R Y J J D
W L S E Z L G Y D D E M R I A
N L P H G U F M R U D L N S P
S Y L P P I A N Y D D Y W P S
I S Y A G W S O W F V O R Y E
W G M R W G E R A E A D W E R
R E W G D D Y G E L O C I E S
F N R O D D R E C E D R C O N
Y N Z T Y G E M Y D D H N J T
E A Y R G X F K R A A J A S E
Z D N A Y N W Y J A K Q B Y R
D U I C L G W Y D D O N Y D D
D I F F O D D W R T Â N O R J
K K O Y G H Y F F O R D D W R
```

LLYSGENNAD	DAEAREGWR
SERYDDWR	NYRS
BANCIWR	MEDDYG
GEMYDD	CERDDOR
CARTOGRAPHER	PIANYDD
HELWYR	PLYMWR
DAWNSIWR	DIFFODDWR TÂN
HYFFORDDWR	SEICOLEGYDD
GOLYGYDD	GWYDDONYDD

63 - Géologie

```
L M U C H R S R L D H A L E N
C W A R T S T I A C Z Y M Q H
S I N E I S A D F C A R R X Y
W S Y S W P L N A N N R D O V
F L W Y V S A A X C V J R Y U
V A M E J E C F L S C U R E Q
N C N G J S T Y F I O G O F G
I O I N I I C P O C W R E L
Q K D D W A T K U A S S Y L I
Z B S H V K E D S P R I Z O U
G W A S T A D I S K P T L G W
T X A I H A E N D D Q R H X I
L L O S G F Y N Y D D G C E V
S T A L A G M I D A U W L D W
A L A S I D C R I S I A L A U
```

ASID	LAFA
CALSIWM	MWYNAU
OGOF	CARREG
CYFANDIR	GWASTAD
CWREL	CWARTS
HAEN	HALEN
CRISIALAU	STALACTITE
TAWDD	STALAGMIDAU
FFOSIL	LLOSGFYNYDD
GEYSER	PARTH

64 - Jardin

```
B I H L H Q Y S X G J T W X G
U J L F D M J B X Z S L Q S A
F N T I O L A L P W L L L V R
X F R B Q A P O S A R E T G D
M N E B A W I D O H S W X C D
P Y J N A N B Y Y R H S G Y D
U W E H S T E N J E R A G N Y
R H A C A X L Î X Z Q L B T W
L C N I A M L L E U U G A E N
P F U J A K C O M M A H M D I
C O E D D I R P X I L W U D W
A H C I O J E M H Z I E T H T
L L W Y N V S A V G U Y T O Y
N A I V V K Y R J I W N U N L
O E F V S N I T N Y S B R T K
```

COED	CHWYN
MAINC	RHAW
LLWYN	LAWNT
FFENS	CYNTEDD
PWLL	RHACA
BLODYN	PRIDD
GAREJ	TERAS
HAMMOCK	TRAMPOLÎN
GLASWELLT	PIBELL
GARDD	WINWYDD

65 - Santé et Bien Être #1

```
L  K  C  B  A  C  T  E  R  I  A  F  K  C  B
P  J  L  H  O  R  M  O  N  A  U  V  O  G  G
U  A  I  P  A  R  E  H  T  P  Z  U  V  G  R
L  P  N  Y  F  F  D  W  T  S  U  O  N  R  L
M  Z  I  P  D  F  C  M  Y  E  S  G  Y  R  N
Y  E  G  L  O  D  E  R  H  T  I  E  W  G  E
M  B  D  D  L  H  F  R  F  J  K  P  E  T  O
L  H  L  D  L  E  S  E  Y  M  N  X  N  D  R
A  P  L  V  Y  F  Y  F  F  L  A  D  R  D  C
C  S  F  W  W  G  K  R  Z  A  L  N  L  H  Y
I  H  O  E  T  K  T  A  M  P  U  F  A  K  H
O  G  S  O  Z  J  U  C  H  D  E  R  A  F  Y
M  E  D  D  Y  G  A  E  T  H  M  D  B  Q  R
T  R  I  N  I  A  E  T  H  E  Y  U  G  M  A
K  D  B  K  A  A  M  A  T  G  Y  R  C  H  U
```

GWEITHREDOL	MEDDYGAETH
BACTERIA	CYHYRAU
ANAF	ESGYRN
CLINIG	CROEN
NEWYN	FFERYLLFA
TWYLL	OSGO
ARFER	YMLACIO
UCHDER	ATGYRCH
HORMONAU	THERAPI
MEDDYG	TRINIAETH

66 - Barbecues

```
C E R D D O R I A E T H E V D
J G U O V O A D S F R K R R D
Q Y P H P S M U X P X G R I L
M M U U V O H T O S N S Â X T
G D P L P T E O L U M A I F D
F F Y R C A Y T F A H W W B K
L W T T X M V N H D G S Y K C
T L U E M O I A Y A P W C C I
O H Y O W T I L H L R V D Y P
M E E S R Y L P U A M E G L B
O M N O I H T R Y S L Q G L D
P S Y B D A G Y A Z U E R Y B
C Y W O T E U L U E T X N L Z
K H E F F R W Y T H M R C L Q
Y K N C I N I O H N Q L J J G
```

POETH	GEMAU
CYLLYLL	LLYSIAU
CINIO	CERDDORIAETH
PLANT	SYRTHION
HAF	PUPUR
NEWYN	CYW IÂR
TEULU	SALADAU
FFYRC	SAWS
FFRWYTH	HALEN
GRIL	TOMATOS

67 - Forêt Tropicale

```
B A D F E R R Q E J D M L H P
V O S R G D V W R Q G W R I A
S I T W S L W B X O F S R N R
D S U A L Y M Y C B P O H S C
I E A F N D H X W D C G Y A H
A O Q H D E F Y R P A L W W T
I R U T A N G B N K D G O D E
B O Z R T U A O T O W N G D A
I G K E L M A D L L R Y A I I
F Z R W S Y L L A R A J E N W
F Q H G C C Z S U R E L T E Y
M A M A L I A I D I T M H H R
A T L L O C H E S N H T A N M
B F Z G H D O J E E T P U Y A
U N C Y P R S R Q J G K X C X
```

AMFFIBIAID
BOTANEGOL
HINSAWDD
CYMUNED
AMRYWIAETH
RHYWOGAETHAU
CYNHENID
PRYFED
JYNGL
MAMALIAID

MWSOGL
NATUR
CYMYLAU
ADAR
GWERTHFAWR
CADWRAETH
LLOCHES
PARCH
ADFER
GOROESI

68 - Ferme #1

```
G Y L G F O M F D M U I J G M
J W L D W Z J R U Ê X W X P X
D S E A M A F Â O L L D R H W
L Q D N W H I N D H F C P V O
G N A H Y Y G R B T I Y V N C
A Q I N N N C Â N I U A N X H
S R D C A O A I T A S C X Q T
D X D E A S T W J T S I J M Q
L N R F X I H Y U R I Y S O L
J D F F U B C C H W E G N C Y
U O V Y H E W T C G R O E H D
Z A O L J D U A N Q Ŵ A F Y D
K X H G D Y B W Y D D G F N P
O V D L H M S U T B L G A F R
I E O G T O E O O Q S K T F Y
```

GWENYN
ASYN
BISON
MAES
CATH
CEFFYL
GAFR
CI
FFENS
MOCHYN

FRÂN
DŴR
GWRTAITH
GWAIR
MÊL
CYW IÂR
REIS
DDIADELL
BUWCH
LLO

69 - Escalade

```
H S E F Y D L O G R W Y D D U
Y C K W B E O U Q R I W V K U
F A N A O Q K M C G D B S B B
F N S Q S N N R O U H T D N F
O L K S E G K B A U C H D E R
R L T A R B D N F A L S E U C
D A M E N I G R N I Y E D X R
D W M A P X J W X R G I Y O Y
I I U A I D I G S E R Z R T F
A A P O G T V I L H Y M F I D
N U L Q G A W N X Y W Q L R E
T C I F M O T E C C A U I E R
C B E R P W F B C S X N W G H
H E I C I O A R Y E T P H W T
Q X V W F P Z A X I Z A C D B
```

UCHDER

AWYRGYLCH

ANAF

ESGIDIAU

MAP

HELM

CHWILFRYDEDD

HERIAU

ARBENIGWR

CUL

CRYFDER

HYFFORDDIANT

MENIG

OGOF

CANLLAWIAU

HEICIO

SEFYDLOGRWYDD

TIR

70 - Café

```
P R I S D D Q I G S N D F U F
S N E F U H L M L G B J I E S
D I I Q E T H Y C E P R L O T
E U W Y G E C W H V B H Y L D
L C A G O A Z Q W H O O H D N
X N T C R I R L E L R S T I X
Z K Q G Ŵ W U C R G E T M H J
P Y X R D Y G T W O F V L L F
A O L Y M R U J T R R U A U Y
B J Q C I M O L L A E T H W S
V Z D Z F A Z N A P W C Z U N
B L A S W H W X K M Z I C C A
E L T Z O E V E S A P Y R Y W
U R S C K C A F F E I N F V U
O T A R D D I A D A S I D I G
```

ASIDIG	BORE
CHWERW	MALU
AROGL	DU
DIOD	TARDDIAD
CAFFEIN	PRIS
HUFEN	RHOST
DŴR	BLAS
HIDLO	SIWGR
LLAETH	CWPAN
HYLIF	AMRYWIAETH

71 - Antarctique

```
D C Y F A N D I R P A D A R M
A A P N H D F L Y E A B L N W
M W I D D E O S Y N Y Y C J Y
G H Y T G D Y I O R L H O N N
Y I R S H S K X K H V B L F A
L O N O D D Y W G Y I X A T U
C C L W A Z C A D N Z Â F Q C
H A H T E A I D D Y R A E A D
E D A X K Q A W O M V U D H R
D W Y M C H W I L Y D D M Ŵ E
D R W F X T L P I L N F U B R
I A V W L C B Y F D T P D U J
N E G G T M Y W R K O V O I V
H T Y N E J A G O I G I E R C
E H D D E R E H M Y T I Z C O
```

BAE   IÂ
MORFILOD   YNYSOEDD
YMCHWILYDD   MUDO
CADWRAETH   MWYNAU
CYFANDIR   ADAR
DŴR   PENRHYN
AMGYLCHEDD   CREIGIOG
DAITH   GWYDDONOL
DAEARYDDIAETH   TYMHEREDD

72 - Professions #2

```
M H C U L Q I P E I N T I W R
R E P D D Y G E L O I B Q A B
R W D D R A G F I T C E T I D
D L L D L H Y Z N T T L Q I K
D Y D Y Y P D B Y D H W W B Q
Y M D F V G D S Z J T Y X N I
L L Y F R G E L L Y D D D I W
I G N A W S F Z B M F G D D D
W P N R I J W M U G F O Y E E
H P A G S W A O V Q E F N Q I
C E I O I X L G L H R O U N N
M I R T E W L C H C M D L E T
Y L I O F A T H R O W W R C Y
D O E F Y Q Q M D N R R A E D
X T P F D A T H R O N Y D D D
```

FFERMWR   PEIRIANNYDD
GOFODWR   DYFEISIWR
LLYFRGELLYDD   GARDDWR
BIOLEGYDD   IEITHYDD
YMCHWILYDD   MEDDYG
LLAWFEDDYG   PEINTIWR
DEINTYDD   ATHRONYDD
DITECTIF   FFOTOGRAFFYDD
ATHRO   PEILOT
DARLUNYDD

73 - Les Abeilles

```
E D Y C X A B Z F G C E R Q J
T I Q Z Z D S V B D H C J O J
A D Y N B K I C L N V O Z Z R
P A I L L Z E N O Z Y S I Y F
C Y N E F I N D D P R Y W C F
N U N Y T T I V Y H U S T S R
M A U T Y B Y O N L M T I X W
B G D D R A G H A U L E O Y Y
L H T E A I W Y R M A M R D T
O S G X N O I G I H N A L P H
D C W C H Y B A F M P X V Ê D
A P M L O I D D U B B W Y D M
U Z D O Q D B D E F Y R P I Z
B R E N H I N E S L C C M A O
P B J T C B N P Q J X U S H X
```

ADENYDD	CYNEFIN
BUDDIOL	PRYFED
CWYR	GARDD
AMRYWIAETH	MÊL
HAID	BWYD
ECOSYSTEM	PLANHIGION
BLODYN	PAILL
BLODAU	BRENHINES
FFRWYTH	CWCH
MWG	HAUL

74 - Santé et Bien Être #2

```
F  E  P  Q  M  G  T  H  P  V  C  L  U  Z  H
I  P  J  Z  T  Y  L  I  N  O  X  C  L  G  T
T  L  E  Q  T  C  V  V  D  E  A  X  E  L  E
A  R  J  F  K  U  A  L  E  R  G  E  D  D  A
M  D  I  F  F  Y  G  E  T  E  N  E  G  K  W
I  U  J  I  E  F  C  A  L  O  R  I  A  N  H
N  W  H  E  M  G  R  G  I  A  C  H  O  G  C
V  S  T  R  A  E  N  O  P  P  A  D  F  E  R
C  G  Z  M  N  G  G  T  C  W  K  Y  N  M  A
B  O  S  I  A  O  I  N  N  Y  X  F  D  O  E
A  N  X  I  R  E  V  M  M  S  L  E  Q  T  K
Y  S  B  Y  T  Y  T  N  I  A  H  L  X  A  W
H  I  I  P  X  J  N  H  A  U  F  C  K  N  Y
G  G  W  A  E  D  M  D  F  R  J  F  R  A  T
H  Y  L  E  N  D  I  D  Z  Q  W  I  U  T  G
```

ALERGEDD	HAINT
ANATOMEG	CLEFYD
ARCHWAETH	TYLINO
CALORI	MAETH
CORFF	PWYSAU
DIFFYG	ADFER
YNNI	IACH
GENETEG	GWAED
YSBYTY	STRAEN
HYLENDID	FITAMIN

75 - Conduite

```
D A M W A I N B Q J N F W C Y
V V Z U K A Y V W M B U U Y D
F S V N X D K C J A X M N F G
W S S N J C L U D I A N T L L
B T R A F F I G D L O R I Y Z
D E D D Y W R T Y Z L Y U M U
D I I S N G B F W Y R Y A D H
R L O C J W V B N P F M E E C
O P U G M Q Y D A N S Z O R E
F T A I E O P I T T Y U Z U R
F U I J G L D H V W X P D D D
X M C E I S W U Q N N C S O D
K P E R Y G L C R N T J Y M W
K A R A C P U R H E Z V E E Y
Y M B G R U A K U L D D E H R
```

DAMWAIN   BEIC MODUR
LORI   CERDDWYR
TANWYDD   HEDDLU
MAP   FFORDD
PERYGL   DIOGELWCH
BRECIAU   TRAFFIG
GAREJ   CLUDIANT
NWY   TWNNEL
TRWYDDED   CYFLYMDER
MODUR   CAR

76 - Plantes

```
T  L  L  E  W  S  A  L  G  D  A  I  L  J  H
D  L  A  T  E  P  H  T  I  A  T  R  W  G  C
Q  W  E  D  D  I  E  O  W  K  Z  P  I  C  T
B  Y  K  Z  D  S  U  S  D  R  C  O  E  D  Y
L  N  F  N  O  R  E  A  E  T  B  Y  G  D  F
Y  L  U  D  J  N  A  R  O  L  F  D  I  I  U
U  J  Y  W  V  R  H  G  C  B  Ŵ  B  M  A  B
M  B  Q  S  J  X  H  F  W  L  F  U  H  R  Y
A  W  K  I  I  R  Q  F  G  O  V  C  F  W  C
H  J  S  J  C  E  B  A  H  D  U  F  F  G  F
P  K  U  O  N  I  U  X  U  Y  Y  B  Z  P  K
Y  T  T  H  G  W  G  E  M  N  G  D  F  Z  F
Y  Q  C  V  X  L  J  Y  G  W  G  L  V  W  N
P  S  A  L  L  Y  S  T  Y  F  I  A  N  T  A
V  C  C  H  U  A  M  K  N  X  P  O  Y  B  P
```

COED	COEDWIG
AERON	TYFU
BAMBŴ	FFA
LLYSIEUEG	GLASWELLT
LLWYN	GARDD
CACTUS	EIDDEW
GWRTAITH	MWSOGL
DAIL	PETAL
BLODYN	GWRAIDD
FLORA	LLYSTYFIANT

77 - Ferme #2

```
H  T  I  N  E  W  G  B  W  Y  D  L  I  Y  I
L  W  A  E  D  D  F  E  D  V  C  I  F  U  E
A  Y  Y  A  W  L  A  F  I  M  W  Y  L  B  W
K  H  U  A  I  S  Y  L  L  J  G  U  Z  S  G
R  M  K  C  D  I  A  I  L  I  E  F  I  N  A
P  W  Z  F  Z  E  F  A  C  T  Y  M  V  A  S
J  A  M  Y  L  Z  N  G  O  R  S  A  J  L  Q
F  M  G  R  N  A  P  U  R  O  G  W  U  L  Q
U  I  V  O  E  O  M  B  N  B  U  H  J  R  S
F  B  D  T  O  F  V  A  H  Z  B  D  K  E  K
L  Y  I  C  G  U  F  X  Z  P  O  Ô  S  B  W
D  E  F  A  I  D  D  I  A  H  R  L  U  C  V
X  B  W  R  C  F  F  R  W  Y  T  H  K  V  I
V  W  H  T  E  A  L  L  D  Y  F  R  H  A  U
F  D  U  O  S  G  S  F  J  J  F  U  O  T  A
```

CIG OEN	LAMA
FFERMWR	LLYSIAU
ANIFEILIAID	CORN
BUGAIL	DEFAID
GWENITH	AEDDFED
HWYADEN	BWYD
FFRWYTH	HAIDD
YSGUBOR	DÔL
DYFRHAU	TRACTOR
LLAETH	BERLLAN

78 - Vacances #2

```
T  J  O  F  L  T  B  G  X  Z  B  I  R  T  W
A  A  U  N  Ê  R  T  W  H  A  M  D  D  E  N
X  S  I  S  C  A  T  E  Z  W  T  A  I  T  H
F  N  O  Y  T  E  N  R  Y  W  A  S  E  A  M
I  I  Z  N  V  T  Y  S  O  P  A  U  S  H  A
L  U  S  Y  J  H  B  Y  C  B  M  Ô  R  B  M
P  T  N  A  I  D  U  L  C  O  S  N  U  W  H
L  K  F  K  G  A  A  L  I  O  Y  A  T  Y  E
D  B  I  Q  C  P  I  A  W  L  M  F  P  T  U
T  R  A  M  O  R  L  Q  Y  H  M  H  A  Y  O
M  Z  V  N  N  D  Y  X  D  O  R  C  M  T  N
P  A  B  E  L  L  W  L  H  Q  N  R  Q  S  E
P  X  B  D  W  R  G  N  W  O  I  Y  H  E  P
G  H  K  T  H  S  G  Z  G  N  C  C  D  W  F
X  O  L  O  F  O  W  R  D  X  Z  O  J  G  L
```

MAES AWYR	TRAETH
GWERSYLLA	BWYTY
MAP	AMHEUON
CYRCHFAN	TACSI
TRAMOR	PABELL
GWESTY	TRÊN
YNYS	CLUDIANT
HAMDDEN	GWYLIAU
MÔR	FISA
PASBORT	TAITH

79 - Temps

```
B Y B L Y N Y D D O L B C M K
M O Q W Y T H N O S H L A H G
K I R D Y D D A G O A W L S N
M X S E A W R U J N N Y E W A
P Q C O L C C F I I N D N X W
K Q D D M D Y N M O E D D Z R
Z W E D M U N Y G N R Y R R G
S L G F I R N A C S D N A H J
M Q A H K M V U P Q Y X V F H
X Y W A K S U J D K D Z X T C
K S D E M C L P L U D A N G O
Z Q M Z T I E Z Q X K B C W B
D Y F O D O L A R Ô L S D V O
N P G I K H D S R E N F Q H H
L X S J Q P E M W F H B V S Z
```

BLWYDDYN	CLOC
BLYNYDDOL	DYDD
AR ÔL	NAWR
CYN	BORE
YN FUAN	HANNER DYDD
CALENDR	MUNUD
DEGAWD	MIS
DYFODOL	NOS
AWR	WYTHNOS
DDOE	CANRIF

80 - Maison

```
D  W  F  N  E  N  Y  L  D  A  N  A  B  E  P
L  R  T  L  N  Y  T  A  H  N  Z  B  H  E  R
U  X  Y  J  H  R  L  M  R  G  A  R  E  J  W
H  C  I  C  H  S  L  P  G  B  U  I  M  P  D
E  A  K  X  H  S  Y  B  T  L  U  R  T  O  A
G  W  R  K  N  H  F  C  O  L  G  W  I  X  I
A  O  K  B  E  T  R  E  W  E  M  A  R  Z  W
R  D  N  I  O  D  G  G  O  N  J  L  N  O  S
D  T  A  D  Z  R  E  X  O  N  I  G  E  C  D
D  Z  S  D  V  W  L  L  Y  I  G  O  F  D  K
Z  G  O  E  V  S  L  A  A  T  I  G  J  B  Q
X  C  H  W  N  N  L  L  E  T  Â  N  M  N  N
X  Z  R  L  L  E  F  A  T  S  Y  K  G  O  J
K  R  T  L  L  F  F  T  T  N  N  M  N  Y  P
B  P  G  A  V  F  Z  F  Y  B  U  C  I  S  L
```

BANADL	ATIG
LLYFRGELL	GARDD
YSTAFELL	LAMP
LLE TÂN	DRYCH
ALLWEDDI	WAL
FFENS	NENFWD
CEGIN	DRWS
CAWOD	LLENNI
FFENESTR	RUG
GAREJ	TO

81 - Légumes

```
R  E  T  X  L  T  V  P  C  N  Y  Z  J  R  R
S  A  S  R  M  K  U  K  I  L  O  C  O  R  B
B  I  D  D  K  B  N  E  W  C  A  L  T  I  E
I  Y  D  I  G  G  I  Y  C  R  R  J  A  I  O
G  I  Y  R  S  N  O  G  Y  S  T  R  M  T  G
O  X  W  E  S  H  N  C  M  S  I  B  O  T  W
G  V  E  L  D  I  C  J  B  G  S  M  T  K  Y
L  K  L  E  D  W  N  R  R  S  I  E  S  E  M
Y  V  O  S  G  K  R  S  A  U  O  N  S  G  O
S  S  F  M  O  R  O  N  I  D  G  E  A  G  N
N  G  A  R  L  L  E  G  S  R  A  P  L  P  T
P  Y  S  O  I  K  X  M  K  I  G  M  A  L  M
A  P  B  R  I  Q  M  V  M  F  L  W  D  A  A
P  E  R  S  L  I  U  W  D  W  R  P  W  N  I
D  L  J  H  E  Q  E  Q  X  N  B  I  O  T  P
```

GARLLEG	SBIGOGLYS
GWYMON	SINSIR
ARTISIOG	MAIP
EGGPLANT	UNION
BROCOLI	OLEWYDD
MORON	PERSLI
SELERI	PYS
MADARCH	RADISH
PWMPEN	SALAD
CIWCYMBR	TOMATO

82 - Famille

```
I  H  H  Y  F  Z  U  P  Z  M  P  B  T  J  B
B  Q  F  R  E  D  N  F  E  C  U  R  G  H  E
G  S  C  H  W  M  A  F  E  Y  I  A  N  L  R
R  K  P  J  O  G  I  A  R  W  G  W  M  C  D
T  J  D  N  Z  Q  N  H  T  I  N  D  I  A  T
P  S  U  H  K  J  Y  Y  L  Z  I  G  Ŵ  R  M
W  L  N  S  B  P  T  N  B  P  V  D  L  F  T
Y  E  E  O  O  V  N  A  A  A  A  B  L  U  N
P  U  W  N  T  H  E  F  G  C  K  Y  V  T  H
P  Z  C  Y  T  I  L  I  H  H  C  R  E  M  A
L  O  D  A  T  Y  P  A  S  W  T  D  V  P  U
A  T  U  K  W  H  N  D  B  A  Y  O  P  J  A
N  U  O  T  M  F  R  D  Y  E  J  M  B  T  U
T  M  B  K  V  I  A  U  O  R  O  A  L  A  L
U  E  A  F  X  Y  W  K  M  D  Y  X  D  D  V
```

HYNAFIAD	GŴR
CEFNDER	MAMAU
PLENTYNDOD	FAM
PLENTYN	NAI
PLANT	NITH
GWRAIG	EWYTHR
MERCH	TADOL
BRAWD	TAD
NAIN	CHWAER
TAID	MODRYB

83 - Oiseaux

```
N  S  W  E  P  R  P  G  O  G  T  S  Z  Y  P
I  U  T  S  E  E  M  W  G  Ŵ  Y  D  D  S  E
N  N  P  T  N  X  X  Y  W  C  R  Ë  Y  R  L
A  L  Z  R  G  U  F  L  P  D  E  R  P  W  I
M  D  D  Y  W  W  I  A  B  Q  E  R  Y  R  C
N  H  E  S  I  R  K  N  Â  R  F  Â  C  K  A
Z  B  C  R  N  D  I  C  D  U  O  I  O  J  N
Z  E  C  R  Y  O  Q  M  C  U  Y  W  L  E  E
W  A  D  N  R  N  I  P  I  Z  B  Y  O  U  M
H  W  Y  A  D  E  N  A  C  W  T  C  M  V  O
Y  C  P  L  V  V  C  R  O  H  E  H  E  F  L
X  B  R  A  P  G  I  O  N  F  H  F  N  X  O
E  G  I  A  U  U  K  T  I  Q  Q  O  N  L  C
K  W  G  M  L  N  F  G  A  P  M  M  O  E  M
Q  L  O  R  W  A  F  S  S  A  T  W  D  W  F
```

ERYR	ADERYN
ESTRYS	GWYLAN
HWYADEN	WY
CICONIA	GŴYDD
COLOMEN	PAUN
FRÂN	PAROT
GOG	PELICAN
ALARCH	COLOMENNOD
CRËYR	CYW IÂR
PENGWIN	TWCAN

84 - Disciplines Scientifiques

```
D M W Y N G L A W D D E R C S
I A I H O C C F J N N C O Y E
E J E X D I E A T W D O B M I
I E J A I Q M S K G O L O D C
T N A C R T E J R E X E T E O
H I L A G E G N Y L K G E I L
Y W L N G U G E L O I B G T E
D R Y A E B I O C E M E G H G
D O S T L R J J A A X X Z A W
I L I O O A K C Z H H N R S B
A E E M N F Z G E C D R M E L
E G U E W V Y G D R X J T G J
T A E G I N K T Y A X E R K D
H U G X M E C A N E G Q F Z R
F F I S I O L E G G W L O Y Q
```

ANATOMEG	IEITHYDDIAETH
ARCHAEOLEG	MECANEG
BIOCEMEG	MWYNGLAWDD
BIOLEG	NIWROLEG
LLYSIEUEG	FFISIOLEG
CEMEG	SEICOLEG
ECOLEG	ROBOTEG
DAEAREG	CYMDEITHASEG
IMIWNOLEG	

85 - Maladie

```
F  L  P  P  L  B  X  L  T  F  A  L  V  X  O
L  F  E  E  A  O  X  L  Y  G  W  A  N  L  W
L  R  Z  P  Q  T  W  I  C  A  G  A  L  O  N
E  F  X  N  I  W  H  D  Y  H  C  E  I  B  M
S  G  E  H  T  A  P  O  R  W  I  N  Q  M  E
M  E  P  F  E  U  T  B  G  I  N  O  R  C  I
Z  U  F  W  T  R  F  U  E  J  V  L  Z  N
A  L  E  R  G  E  D  D  A  U  N  J  G  D  G
A  M  V  O  I  O  H  V  M  S  R  A  S  L  E
H  O  H  C  T  R  T  L  Y  Y  Y  G  U  A  F
E  T  I  F  E  D  D  O  L  N  G  W  T  T  N
I  M  I  W  N  E  D  D  N  D  S  N  N  E  O
M  L  D  K  E  F  C  V  H  R  E  P  I  B  L
I  U  X  K  G  M  T  X  H  O  E  Z  E  O  V
T  H  E  R  A  P  I  Q  Y  M  T  B  H  L  Y
```

ACIWT	IMIWNEDD
ALERGEDDAU	LLID
LLES	MEINGEFNOL
CRONIG	NIWROPATHEG
HEINTUS	ESGYRN
CORFF	PATHOGENAU
GALON	ATEBOL
GWAN	IECHYD
GENETIG	SYNDROM
ETIFEDDOL	THERAPI

86 - Émotions

```
D I O L C H G A R D C P S O C
E Q S I H Q C E N I S N M O Y
J L C J Z C N I C F N L G L D
H E D D W C H P A L O B Y K Y
C K P L N B D U R A C G F K M
W D O H N U M W E S D S F R D
T D L N W C M X D T A Y R F E
S Y O W L S J G I O W N O E I
I N N O L D O F G D E D U H M
R E E E G O S N R Y L O S D L
T W D Z R B N B W J H D N G A
Q A D S Y W N N Y C A R D V D
U L M K V H C W D D Y N O L L
Y L A Z H D A H D D Y H R J D
Q A H W P D I C T E R B A X K
```

CARU	OFN
DAWEL	DIOLCHGAR
DICTER	RHYDDHAD
CYNNWYS	FODLON
HAMDDENOL	SYNDOD
DIFLASTOD	CYDYMDEIMLAD
GYFFROUS	TYNERWCH
CAREDIGRWYDD	LLONYDDWCH
LLAWENYDD	TRISTWCH
HEDDWCH	

87 - Univers

```
H H Z S J H T E A L A G Y S W
S L U I L G R E F F S I M E H
E X D D U W W T L V L T H V N
E M I Y I E D L E E T E B J D
L Z O D T L D L W S X P Z Z
T L R D A A Y E R X H G W L E
Y H E A L D R D O K Z D O B A
W Y T U U W E R G A G L Y P W
Y D S Q A Y S E T E O X B R Y
L R A N I D W D R A L O S M R
L E L A T E B K R I W O A B G
W D U Z T D D E D Y H Y C M Y
C S E R Y D D I A E T H R F L
H K W A H B C O S M I G V D C
W J O R B I T B T W M X R Y H
```

ASTEROID
SERYDDWR
SERYDDIAETH
AWYRGYLCH
AWYR
COSMIG
CYHYDEDD
GALAETH
HEMISFFER
GORWEL

LLEDRED
HYDRED
LLEUAD
TYWYLLWCH
ORBIT
SOLAR
ATEB
TELESGOP
GWELADWY
SIDYDD

88 - Géographie

```
R E F F S I M E H G G C U T D
J H P S M G S X F W A Y G I V
Z N A Y S E D D L L F F O R N
D D Y N Y M R E W A R A R I X
A N D Y B X O I L D A N L O M
U F J N S A N I D R P D L G Ô
N Z O Q M I R H C I E I E A R
K E L N A N R T F J A R W E G
G U G X P R E D H C U N I T A
D Q D B F C E F N F O R N H T
S B O C C L L T A F D V X H L
E V C B V K T S A B L A V J A
Q Z J D T A Q C Q U Y N V C S
G G G O G L E D D E R D E L L
F G T Y J K X G D J S G C Z W
```

UCHDER
ATLAS
MAP
CYFANDIR
AFON
HEMISFFER
YNYS
LLEDRED
MÔR
MERIDIAN

BYD
MYNYDD
GOGLEDD
CEFNFOR
GORLLEWIN
GWLAD
RHANBARTH
DE
TIRIOGAETH
DINAS

89 - Danse

```
C R H Y T H M C E V Q I N P G
V L O N N A I G E N Y M E A F
X T A Z A X V V I H B U I R I
A H U S M Q F X T X F F D T V
M P I G U G F P T T L I N R R
H T E A I R O D D R E C O E G
I F F A R G O E R O C A T R E
A C A D E M I L E M O S I W N
D I W Y L L I A N N O L S Y C
C O R F F N L K A W G E G M N
V A M L V U H L Q B S R R A H
S Y M U D I A D A L O F A R O
G W E L E D O L V W V F S F M
F L P Z T S S P T D E M V E R
D I W Y L L I A N T J N Y R W
```

ACADEMI
CELF
COREOGRAFFI
CLASUROL
CORFF
DIWYLLIANT
DIWYLLIANNOL
MYNEGIANNOL
EMOSIWN
GRAS

LLAWEN
SYMUDIAD
CERDDORIAETH
PARTNER
OSGO
YMARFER
RHYTHM
NEIDIO
GWELEDOL

90 - Bâtiments

```
P  R  I  F  Y  S  G  O  L  E  G  J  O  Y  S
A  R  C  H  F  A  R  C  H  N  A  D  P  T  L
F  M  J  P  H  F  W  O  X  D  J  F  P  N  W
F  K  E  L  D  L  M  M  U  T  H  E  A  T  R
A  V  R  N  Z  L  T  S  G  X  P  R  C  D  A
T  M  A  J  I  Y  T  S  E  W  G  M  A  F  R
R  H  G  R  B  S  B  C  A  U  I  R  S  S  M
I  S  J  B  I  R  O  B  U  G  S  Y  T  L  O
P  P  T  N  S  A  Y  S  B  Y  T  Y  E  O  T
Q  S  A  A  Q  V  W  O  Y  D  Y  M  L  G  E
S  O  L  B  D  H  E  B  O  I  F  B  L  S  W
S  Y  F  A  E  I  G  W  E  I  T  H  D  Y  X
J  V  F  C  M  L  W  Z  T  W  R  Z  I  N  F
I  B  P  T  M  H  L  M  L  A  B  O  R  D  Y
A  W  A  M  G  U  E  D  D  F  A  S  I  X  E
```

FFLAT	LABORDY
GWEITHDY	AMGUEDDFA
CABAN	ARSYLLFA
CASTELL	STADIWM
SINEMA	ARCHFARCHNAD
YSGOL	PABELL
GAREJ	THEATR
YSGUBOR	TWR
YSBYTY	PRIFYSGOL
GWESTY	FFATRI

91 - Livres

```
D E U O L I A E T H I D C T D
U P X H Z L H A C K C C Y R E
F Q C E P Z T Z O H H Y D A D
J J C C O D E X Y N A F D S A
P E R T H N A S O L N R E I R
O L U F C G I P E E E S G L
D L T J S K N N V F S S T F L
A O N B T H O X F O Y M U A E
I D A F O T D D W N D M N W N
L D R U R C D P W L D E L D Y
G Y P O I H R S F N O U X U D
S N K T D W A M W K L N C R D
A E P S H D B C E R D D L S D
C L Y J R S W T U D A L E N A
R L O I N O D R X T V Y E S C
```

AWDUR
ANTUR
CASGLIAD
CYD-DESTUN
DEUOLIAETH
EPIG
STORI
HANESYDDOL
DONIOL
DARLLENYDD

LLENYDDOL
ADRODDWR
TUDALEN
PERTHNASOL
CERDD
BARDDONIAETH
NOFEL
CYFRES
TRASIG

92 - Pays #2

```
K  T  G  I  R  O  S  O  A  L  R  I  L  I  S
A  P  O  W  O  J  W  Y  O  P  E  W  I  N  U
Q  B  V  Q  O  C  A  Y  R  W  M  E  B  D  D
T  S  I  E  I  N  A  P  W  I  U  R  A  O  A
A  G  X  O  T  I  Y  N  A  M  A  D  N  N  N
S  O  E  W  I  A  N  F  D  N  J  D  U  E  A
M  O  S  W  A  R  E  Y  U  E  A  O  S  S  T
Z  U  M  J  H  F  K  F  K  X  C  N  Q  I  S
Q  T  J  A  M  F  M  E  C  S  I  C  O  A  I
C  I  M  D  L  E  P  W  R  L  A  R  L  I  K
W  W  M  N  G  I  Z  C  A  N  M  I  Q  S  A
A  I  N  A  B  L  A  R  M  K  A  H  U  W  P
P  R  X  G  Z  F  L  Á  N  P  J  P  I  R  V
J  K  S  U  B  F  U  I  E  L  Q  X  X  Z  Q
V  M  W  Y  F  Z  Z  N  D  B  W  J  U  F  H
```

ALBANIA	LAOS
TSIEINA	LIBANUS
DENMARC	MECSICO
FFRAINC	UGANDA
HAITI	PAKISTAN
INDONESIA	RWSIA
IWERDDON	SOMALIA
JAMAICA	SUDAN
JAPAN	SYRIA
KENYA	WCRÁIN

93 - Jazz

```
Z  H  K  U  A  I  M  Y  R  D  G  L  C  A  B
C  Y  F  A  N  S  O  D  D  I  A  D  Y  R  Y
G  G  E  N  H  C  E  T  C  A  S  D  F  T  R
E  G  T  N  X  Y  B  T  D  Â  J  R  A  I  F
N  A  N  Y  W  J  V  W  D  J  N  E  N  S  Y
R  C  E  R  D  D  O  R  F  A  O  G  S  T  F
E  H  L  F  V  W  Q  P  P  O  E  N  O  Q  Y
H  F  A  E  T  A  E  N  W  O  G  Y  D  E  R
H  E  T  F  N  N  L  U  N  A  K  C  D  H  E
B  T  N  F  J  U  S  B  D  K  P  J  W  B  X
A  R  D  D  U  L  L  D  W  V  E  Q  R  R  G
K  A  P  F  P  Z  G  K  U  M  H  T  Y  H  R
C  E  R  D  D  O  R  I  A  E  T  H  E  E  A
O  Y  N  E  W  Y  D  D  O  E  X  H  I  C  R
U  L  K  V  B  D  Z  H  T  G  L  S  F  Q  G
```

ALBWM	CERDDORIAETH
ARTIST	NEWYDD
ENWOG	CERDDORFA
CÂN	RHYTHM
CYFANSODDWR	UNAWD
CYFANSODDIAD	ARDDULL
CYNGERDD	TALENT
FFEFRYNNAU	DRYMIAU
GENRE	TECHNEG
BYRFYFYR	HEN

94 - Paysages

```
O G O F M G Y L N V S A M G G
Q F O I S M E N Z J C I Y W B
N D M L H L X Y Y B H D N H N
K I Ô W Z E S R S S B B Y C P
Z T R E T C Y B F E W X D W V
V Q E H T E A R T L R R D L J
S Z B R I N Y H R N E P Y A N
R V A X A O Y M Y N Y D D I Â
R H A E A D R R L L Y N T N J
Y T N U U D V Q F H H O M A Z
K A A Q I R N X B F L F K D Z
Q V Z G V E E L P I Y A Z G U
V Y L O A W Y V T U N D R A V
A W S R L L O S G F Y N Y D D
L E J S I K T S V C P G W H K
```

RHAEADR	LLYN
BRYN	GORS
ANIALWCH	MÔR
ABER	MYNYDD
AFON	WERDDON
GEYSER	PENRHYN
RHEWLIF	TRAETH
OGOF	TUNDRA
MYNYDD IÂ	DYFFRYN
YNYS	LLOSGFYNYDD

95 - Pays #1

```
M D T K D I N D I A U F X S P
W A M A N A P V W Y G F E B H
G I L E A R S I B G A I H A I
U N O I N H N N H V G N S E L
N A T S I N A G F F A D O N I
U M R X N N V C O L L I F E P
Q O N Y N K M I D V I R G A P
Y R C W A D V E A P H B Z M I
Z P V O I J R A I L P H Y L N
B W N D R C A N A D A R W A E
L L F T A O X P C R A V R R S
B R A S I L M N D S N H O Y F
Z B M E C W A D O R B B N U J
G W L A D P W Y L D T P E L I
A Z B N I C A R A G U A B G M
```

AFFGANISTAN
YR ALMAEN
ARIANNIN
BRASIL
CANADA
SBAEN
ECWADOR
FFINDIR
INDIA
ISRAEL

LIBYA
MALI
MOROCO
NICARAGUA
NORWY
PANAMA
PHILIPPINES
GWLAD PWYL
ROMANIA

96 - Psychologie

```
D Y L A N W A D A U Z Y D Y S
Y Z A N Y M W Y B O D O L N Y
D G W Y B Y D D I A E T H A N
O G W R T H D A R O E F O E I
D M E D D Y L I A U Z G F J A
N O I D Y W D D U E R B O R D
Y P E R S O N O L I A E T H A
T M E L B O R B Q A O M J J U
N G D W B C A N F Y D D I A D
E U A D A I F O R P A A P L U
L G O G Y L W W J R I L A K T
P C L E T G B C T W S M R S F
P J U A N Y I S O M E I E Q T
R E A L I T I A R I S E H T F
C L I N I G O L D L A T T Z D
```

CLINIGOL   ANYMWYBODOL
GWYBYDDIAETH   DYLANWADAU
YMDDYGIAD   MEDDYLIAU
GWRTHDARO   CANFYDDIAD
EGO   PERSONOLIAETH
PLENTYNDOD   BROBLEM
PROFIADAU   REALITI
EMOSIYNAU   BREUDDWYDION
ASESIAD   TEIMLAD
SYNIADAU   THERAPI

97 - Nature

```
A X H C W L A I N A Q H B X K
N H T C L J B K G L I E C L K
I D D Y O O R H N A J D E R T
F Y K M N R G L V T Y D Z P J
E N C Y N L E W A T Y Y N L P
I A R L A B S L Y T J C I R Q
L M C A F E Y Y T N C H W V Z
I I I U O Z C H A N I L L P M
A G F F R Z U B T F B O S J D
I I I F T L L Y W G O N N W V
D T L W I G C T W N Y N E W G
G C W Q D M Y N Y D D O E D D
C R E P B E H A R D D W C H K
R A H C H L O H A N F O D O L
X B R D A I L C O K P Z T S T
```

GWENYN	COEDWIG
ANIFEILIAID	RHEWLIF
ARCTIG	MYNYDDOEDD
HARDDWCH	CYMYLAU
NIWL	HEDDYCHLON
ANIALWCH	CYSEGR
DYNAMIG	GWYLLT
CLOGWYNI	TAWEL
DAIL	TROFANNOL
AFON	HANFODOL

98 - Chimie

```
G O L C Q U P Q B Q M H H M C
A W C F N H A T Q Q D Y U P A
L N R S C N U A S I D L Z A R
C I T E I Q A K E O P I Y D B
A W Y P S G L O Y N P F F D O
L C M R Z N E G O R D Y H Y N
Ï L H P E I T N O R T C E L E
A E E T R R E L O Q J Z K A Y
I A R P H O M Q Q I V L Z T X
D R E K S L H A L E N J J A O
D I D X X C X K A U M N M C K
U M D M H T I D K M Y S N E G
O Z C N M O L E C I W L Z P Z
P J P Z G X L W C N N V W O R
P W Y S A U J A T O M I G E P
```

ASID	HYDROGEN
ALCALÏAIDD	ION
ATOMIG	HYLIF
CARBON	METELAU
CATALYDD	MOLECIWL
GWRES	NIWCLEAR
CLORIN	OCSIGEN
ENSYM	PWYSAU
ELECTRON	HALEN
NWY	TYMHEREDD

99 - Bateaux

```
K C M U I I E Y V F L V Q M Q
L G R O I L Y W H R J L Q L B
T N A I R I E P D B H G G R M
L Y B L W W T L B G I A C H Q
K L F Y N F R T O N N A U A C
U L F W A G Ô O U N Y R P F O
V R L H L Q M F L K U K G F X
F X Z H L E W J L A N G O R M
Q A F C C E F N F O R G M M O
H F C W G J A V I Q B F G O B
E N F C A I A C T R X J V R R
O N K F B M O C A N Ŵ A Z W Q
R C N C E U H A W X P F N R W
O B E S W R R Q K N V O B I M
M W Y A F S I M J N R N S U G
```

ANGOR	MORWR
PRYNU	MWYAF
CANŴ	MÔR
RHAFF	PEIRIANT
CRIW	MORWROL
FFERI	CEFNFOR
AFON	LLU
CAIAC	TONNAU
LLYN	CWCH HWYLIO
LLANW	HWYLIO

100 - Mesures

```
X F G K Q B K V U U D B O M K
D Y F N D E R H B K L U W E Q
P S T Q O C E D U E T E N S C
Y E Q S C Y C U Y C I B S U D
G D I Y A F L O G E D T À R M
F S V N S R L Z X Y T F M Y K
S T R D T O E V C V K Q R D T
D W N I I L D T C B I E B D U
W L I T R Q M O D F E D D M N
E P D H H R W A A M I R R W N
H Y D C A S I F E J C B K A E
B S D O G C E G D Y B H A I L
B U A S Y W P R E D H C U O L
M A R E X I N A F L O N A C G
X K G Y A J P M A R G O L I C
```

CANOLFAN	MESURYDD
GRADD	MUNUD
DEGOL	BEIT
GRAM	OWNS
UCHDER	PEINT
CILOGRAM	PWYSAU
LLED	MODFEDD
LITR	DYFNDER
HYD	TUNNELL
MÀS	CYFROL

1 - Adjectifs #2

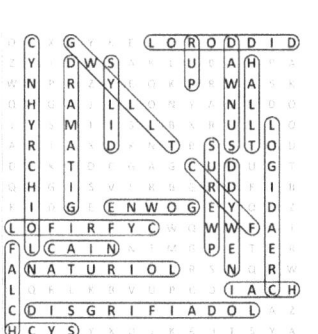

2 - Force et Gravité

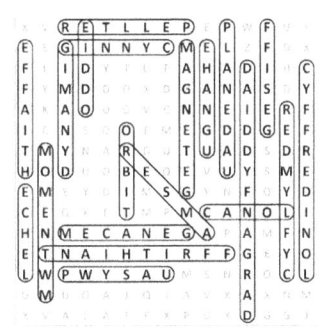

3 - Adjectifs #1

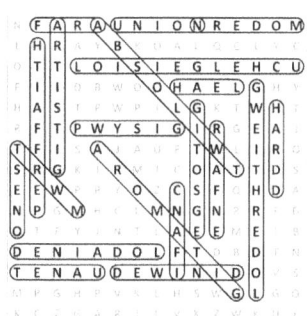

4 - Échecs

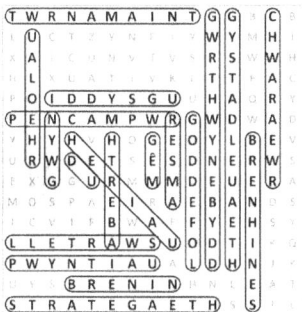

5 - Herboristerie

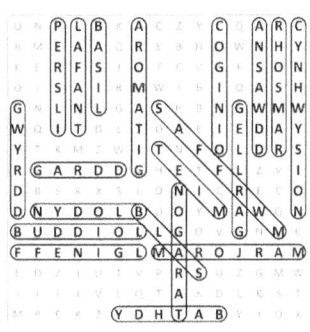

6 - Véhicules

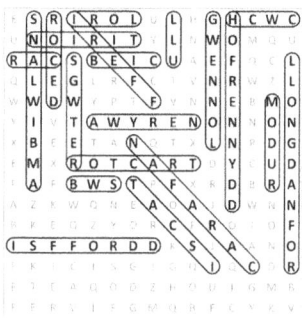

7 - Camping

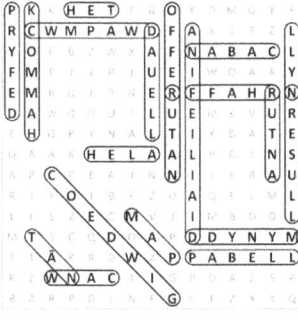

8 - Écologie

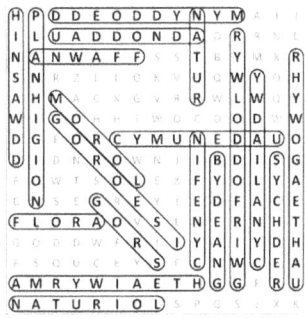

9 - Géométrie

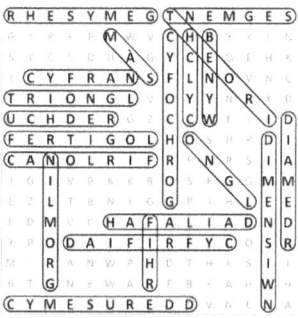

10 - Les Médias

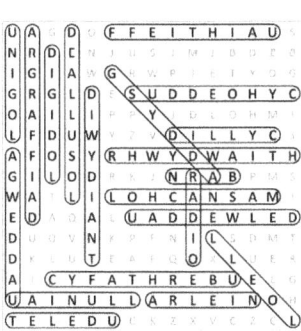

11 - Philanthropie

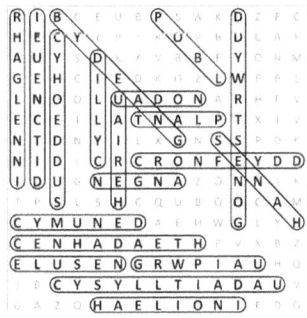

12 - Diplomatie

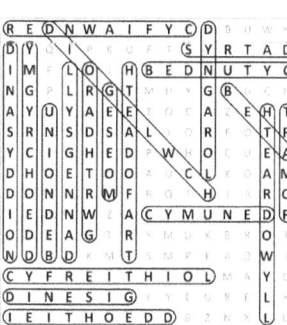

13 - Électricité

14 - Astronomie

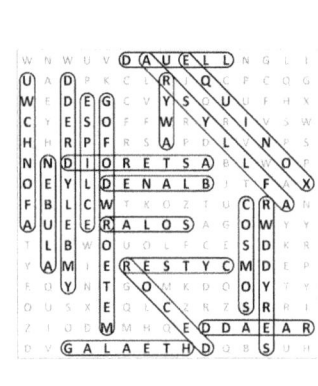

15 - Physique

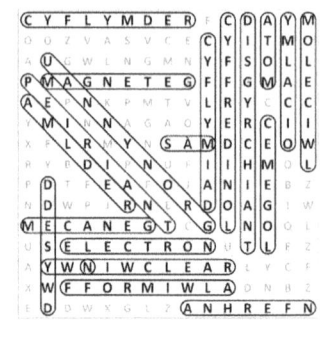

16 - Types de Cheveux

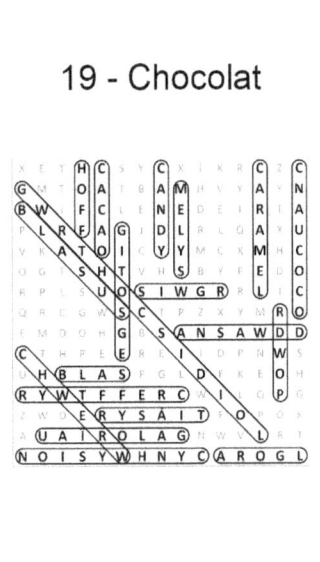

17 - Archéologie

18 - Mammifères

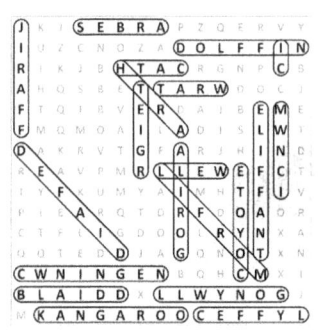

19 - Chocolat

20 - Mathématiques

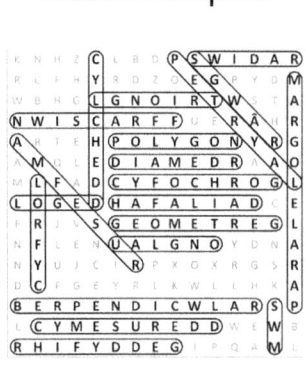

21 - Sport

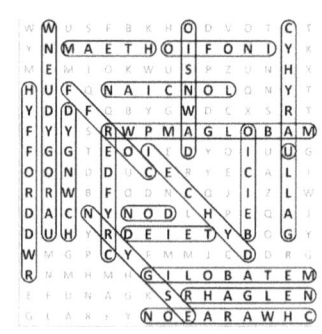

22 - Mythologie

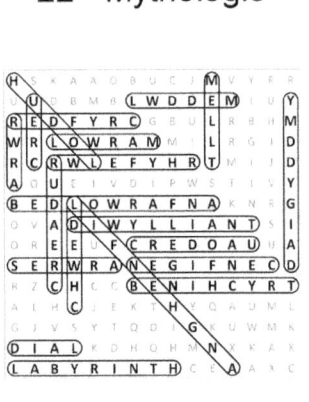

23 - Beauté

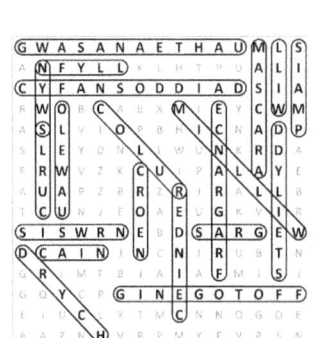

24 - Avions

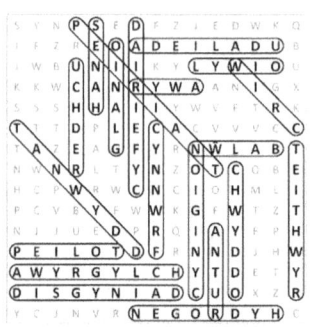

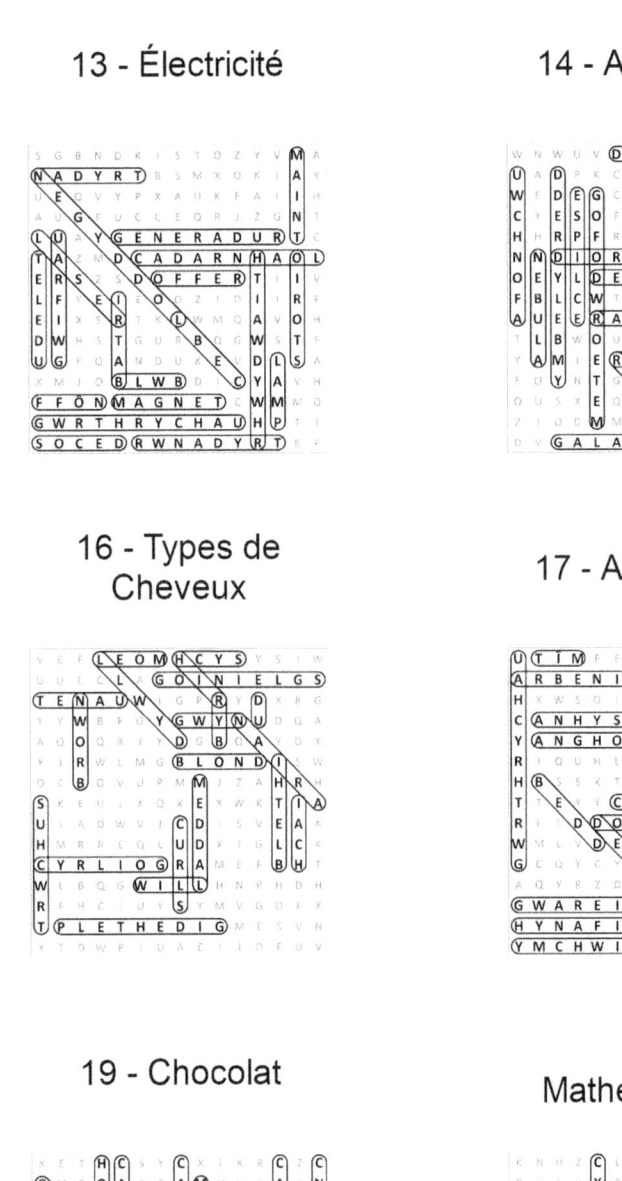

25 - Aventure

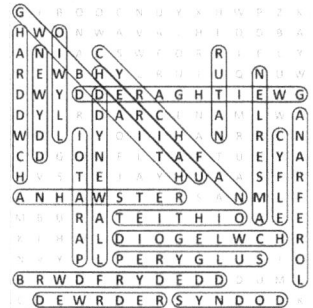

26 - Ville

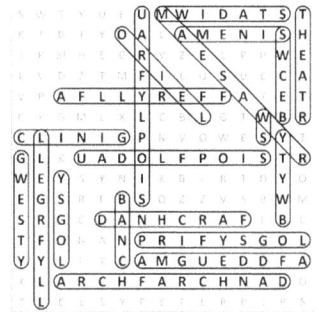

27 - Ingénierie

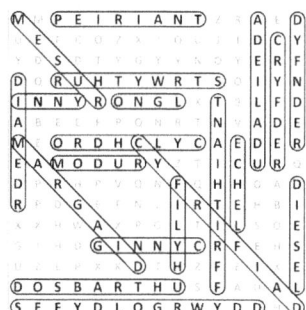

28 - Énergie

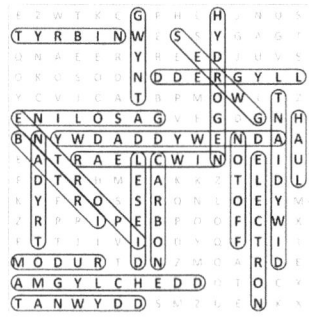

29 - Cuisine

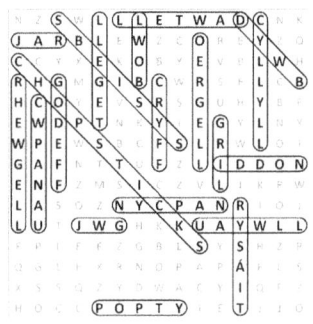

30 - Corps Humain

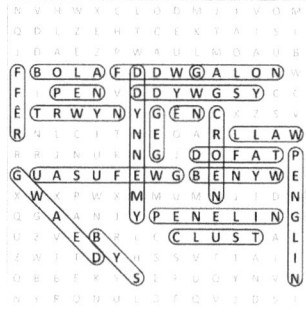

31 - Biologie

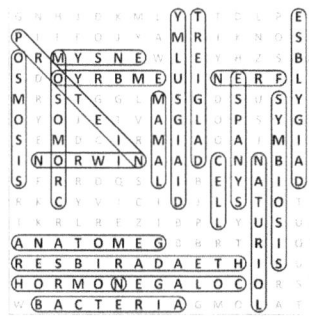

32 - Épices

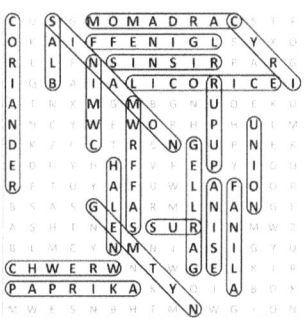

33 - Agronomie

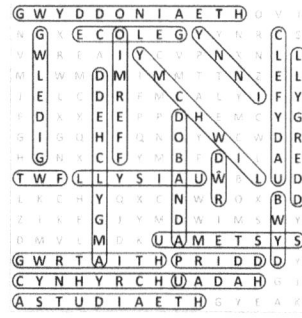

34 - Science

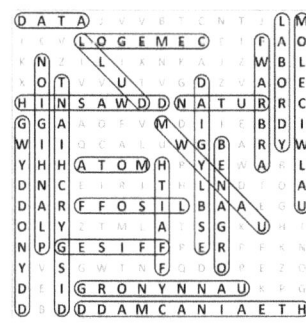

35 - Vêtements

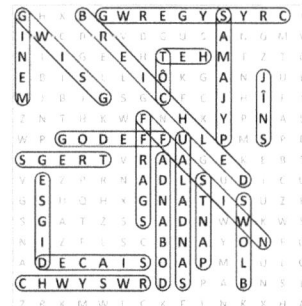

36 - Méditation

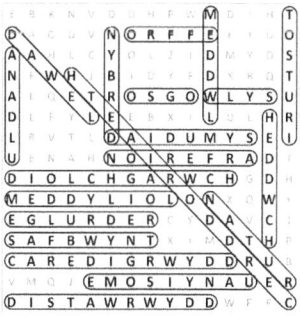

37 - Littérature

38 - Nourriture #1

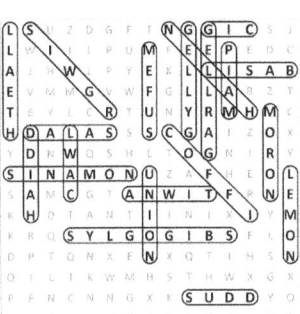

39 - Jours et Mois

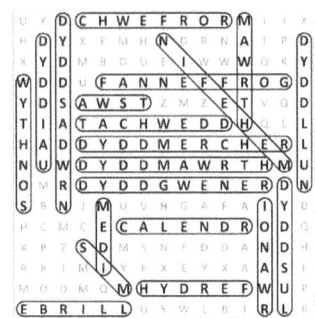

40 - Jardinage

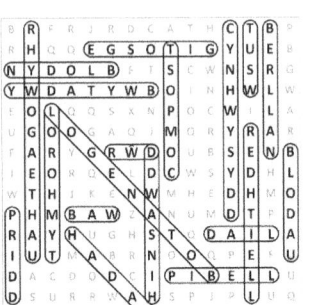

41 - Entreprise

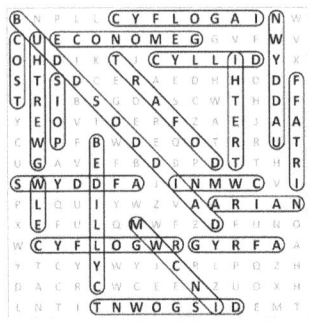

42 - Activités

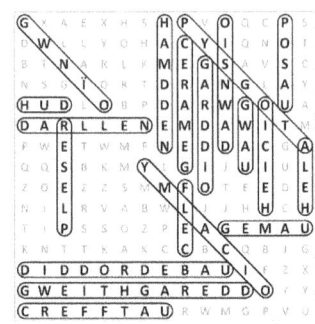

43 - Mode

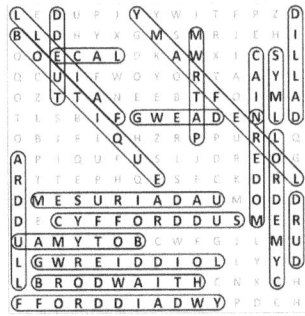

44 - Nourriture #2

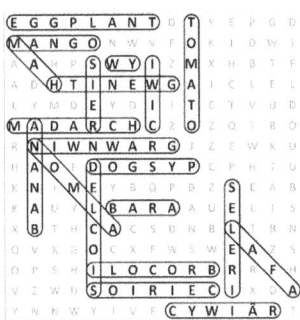

45 - Algèbre

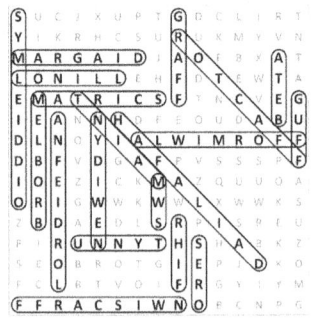

46 - Océan

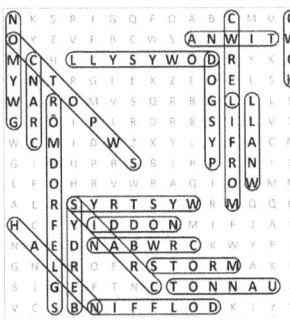

47 - Remplir

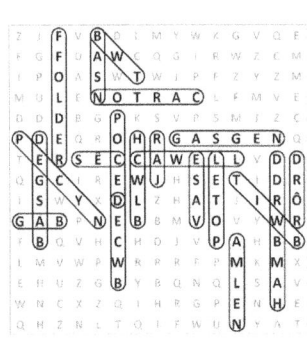

48 - Antiquités

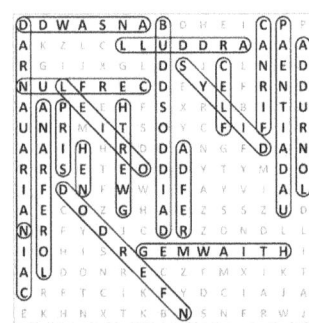

49 - Boxe

50 - Réchauffement Cli

51 - Ballet

52 - Fruit

53 - Musique

54 - Météo

55 - L'Entreprise

56 - Gouvernement

57 - Randonnée

58 - Art

59 - Nutrition

60 - Créativité

61 - Science Fiction

62 - Professions #1

63 - Géologie

64 - Jardin

65 - Santé et Bien Être #1

66 - Barbecues

67 - Forêt Tropicale

68 - Ferme #1

69 - Escalade

70 - Café

71 - Antarctique

72 - Professions #2

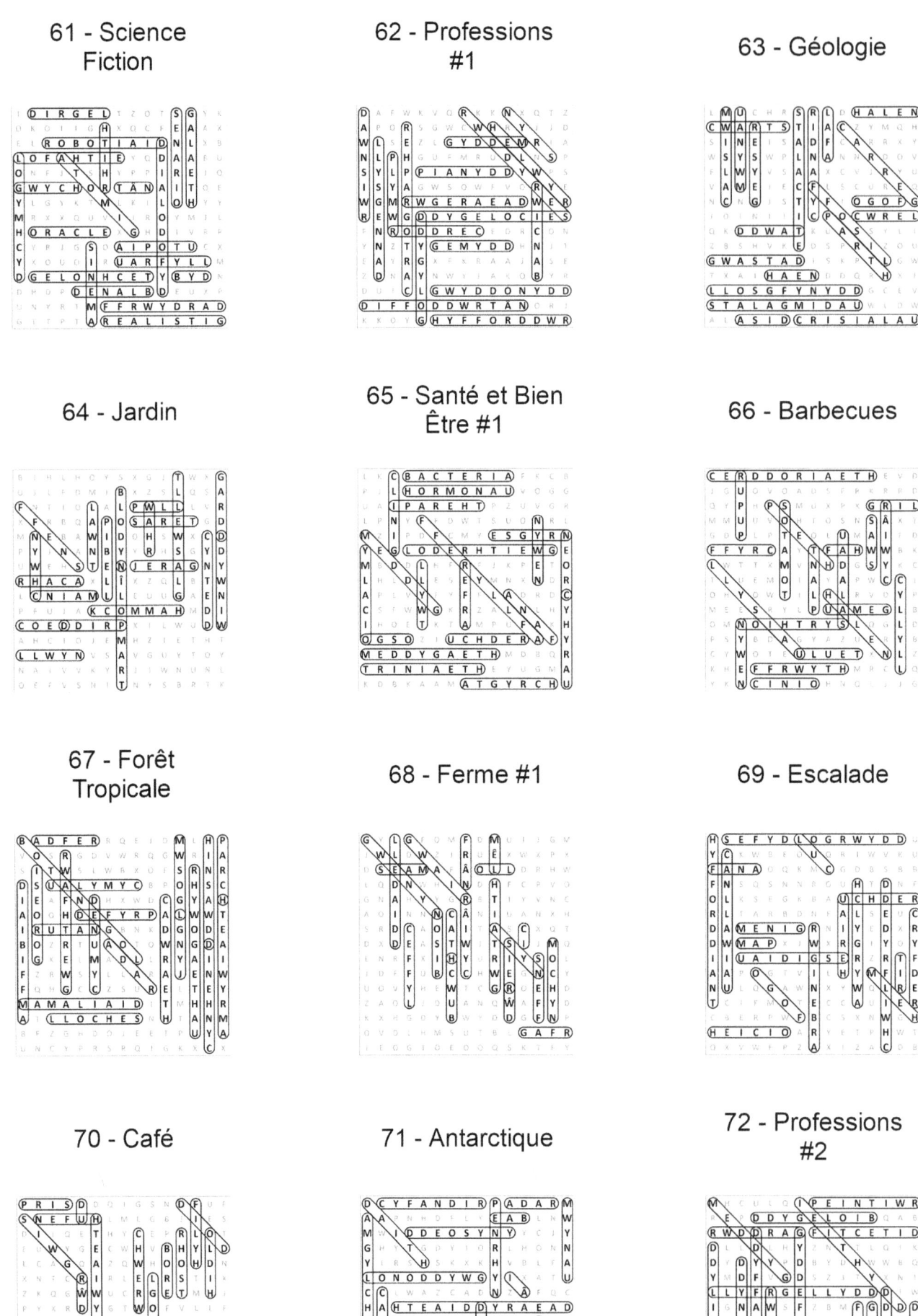

73 - Les Abeilles

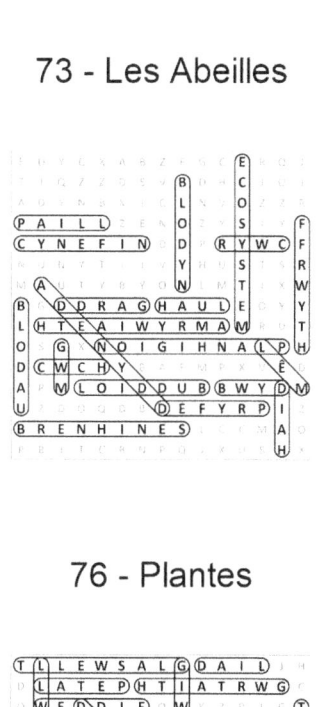

74 - Santé et Bien Être #2

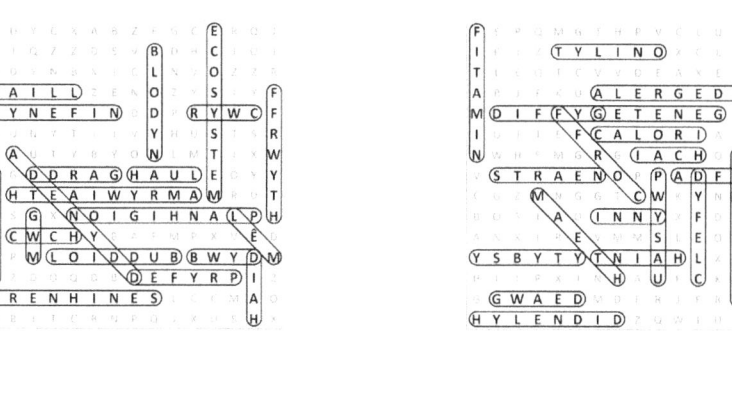

75 - Conduite

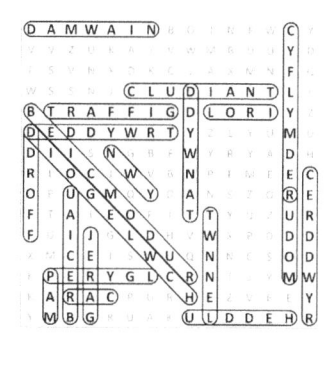

76 - Plantes

77 - Ferme #2

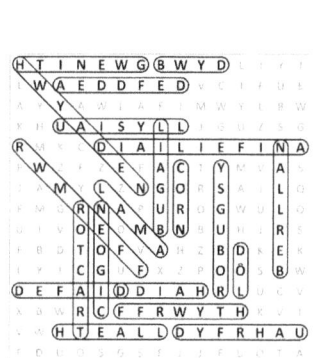

78 - Vacances #2

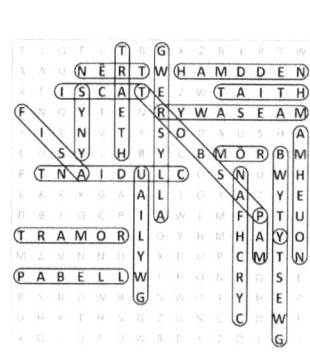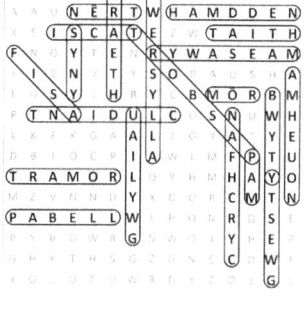

79 - Temps

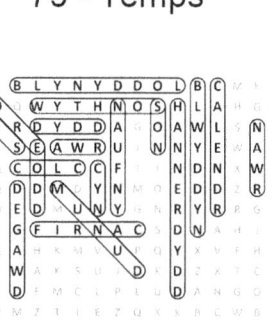

80 - Maison

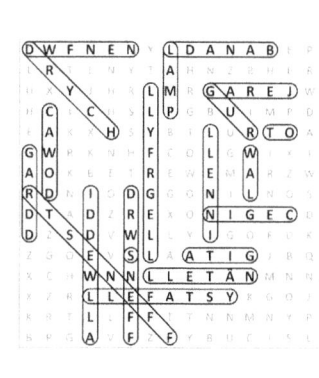

81 - Légumes

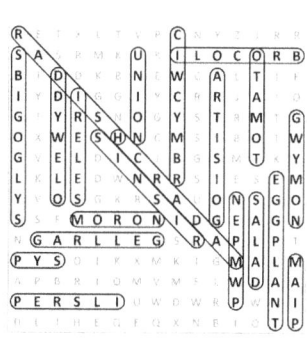

82 - Famille

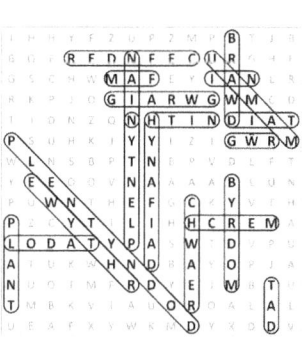

83 - Oiseaux

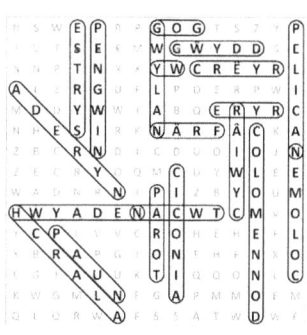

84 - Disciplines Scientifiques

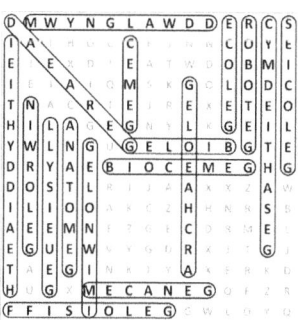

85 - Maladie

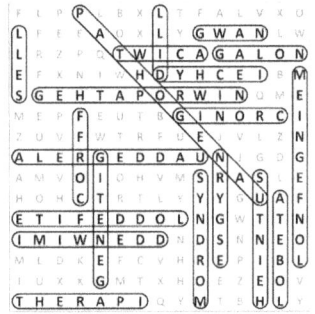

86 - Émotions

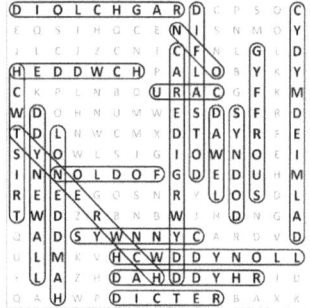

87 - Univers

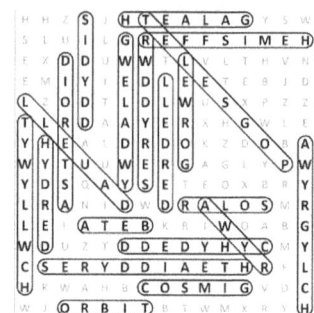

88 - Géographie

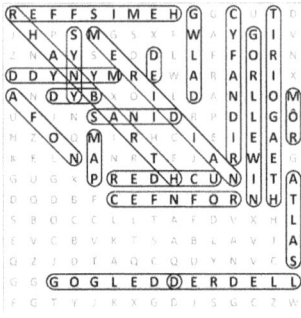

89 - Danse

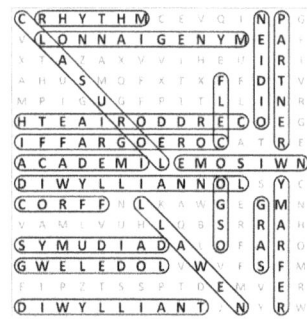

90 - Bâtiments

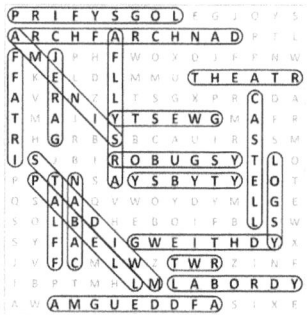

91 - Livres

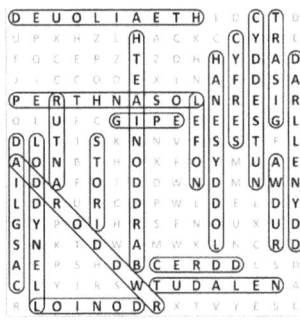

92 - Pays #2

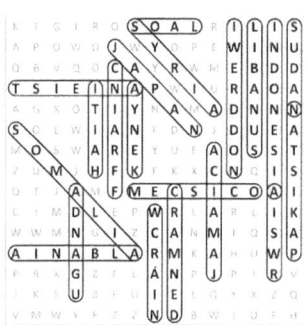

93 - Jazz

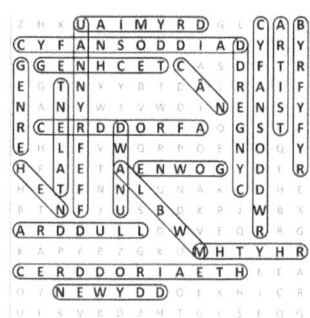

94 - Paysages

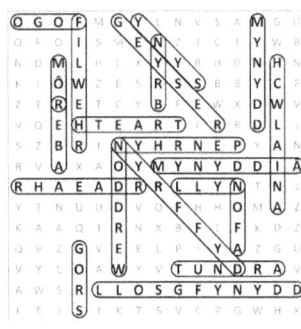

95 - Pays #1

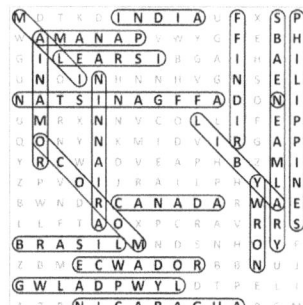

96 - Psychologie

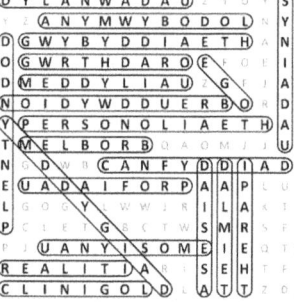

97 - Nature

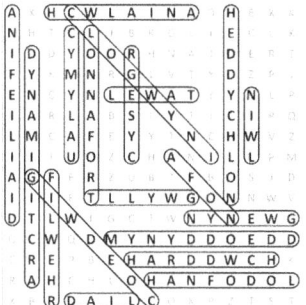

98 - Chimie

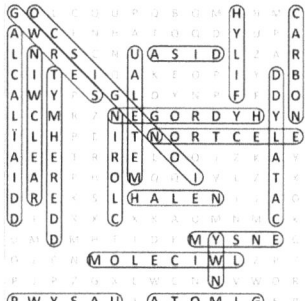

99 - Bateaux

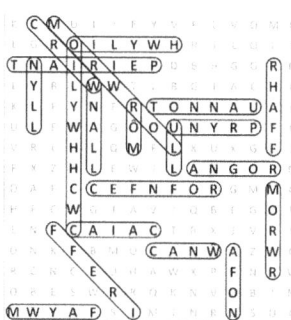

100 - Mesures

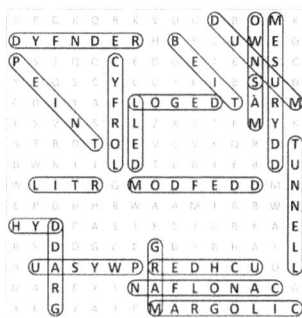

Dictionnaire

Activités
Gweithgareddau

Activité	Gweithgaredd
Art	Celf
Artisanat	Crefftau
Camping	Gwersylla
Céramique	Cerameg
Chasse	Hela
Couture	Gwnïo
Danse	Dawnsio
Intérêts	Diddordebau
Jardinage	Garddio
Jeux	Gemau
Lecture	Darllen
Loisir	Hamdden
Magie	Hud
Pêche	Pysgota
Plaisir	Pleser
Puzzles	Posau
Randonnée	Heicio
Relaxation	Ymlacio
Tricot	Gwau

Adjectifs #1
Ansoddeiriau # 1

Absolu	Absoliwt
Actif	Gweithredol
Ambitieux	Uchelgeisiol
Aromatique	Aromatig
Artistique	Artistig
Attractif	Deniadol
Beau	Hardd
Exotique	Egsotig
Énorme	Enfawr
Généreux	Hael
Honnête	Onest
Identique	Union
Important	Pwysig
Innocent	Diniwed
Jeune	Ifanc
Lent	Araf
Lourd	Trwm
Mince	Tenau
Moderne	Modern
Parfait	Perffaith

Adjectifs #2
Ansoddeiriau # 2

Authentique	Dilys
Célèbre	Enwog
Créatif	Creadigol
Descriptif	Disgrifiadol
Doué	Dawnus
Dramatique	Dramatig
Élégant	Cain
Fier	Falch
Fort	Cryf
Intéressant	Diddorol
Naturel	Naturiol
Nouveau	Newydd
Productif	Cynhyrchiol
Puissant	Pwerus
Pur	Pur
Responsable	Cyfrifol
Sain	Iach
Salé	Hallt
Sauvage	Gwyllt
Sec	Sych

Agronomie
Agronomeg

Agriculture	Ffermio
Croissance	Twf
Eau	Dŵr
Engrais	Gwrtaith
Environnement	Amgylchedd
Écologie	Ecoleg
Énergie	Ynni
Étude	Astudiaeth
Graines	Hadau
Identification	Adnabod
Légumes	Llysiau
Maladies	Clefydau
Nourriture	Bwyd
Pollution	Llygredd
Production	Cynhyrchu
Recherche	Ymchwil
Rural	Gwledig
Science	Gwyddoniaeth
Sol	Pridd
Systèmes	Systemau

Algèbre
Algebra

Diagramme	Diagram
Équation	Hafaliad
Facteur	Ffactor
Faux	Ffug
Formule	Fformiwla
Fraction	Ffracsiwn
Graphique	Graff
Infini	Anfeidrol
Linéaire	Llinol
Matrice	Matrics
Nombre	Rhif
Parenthèse	Parenthesis
Problème	Broblem
Quantité	Maint
Simplifier	Symleiddio
Solution	Ateb
Somme	Swm
Soustraction	Tynnu
Variable	Newidyn
Zéro	Sero

Antarctique
Antarctica

Baie	Bae
Baleines	Morfilod
Chercheur	Ymchwilydd
Conservation	Cadwraeth
Continent	Cyfandir
Eau	Dŵr
Environnement	Amgylchedd
Expédition	Daith
Géographie	Daearyddiaeth
Glace	Iâ
Glaciers	Rhewlifoedd
Îles	Ynysoedd
Migration	Mudo
Minéraux	Mwynau
Oiseaux	Adar
Péninsule	Penrhyn
Rocheux	Creigiog
Scientifique	Gwyddonol
Température	Tymheredd
Topographie	Topograffeg

Antiquités
Hynafiaethau

Art	Celf
Authentique	Dilys
Bijoux	Gemwaith
Décoratif	Addurnol
Enchères	Arwerthiant
Élégant	Cain
Galerie	Oriel
Inhabituel	Anarferol
Investissement	Buddsoddiad
Meubles	Dodrefn
Peintures	Paentiadau
Pièces	Darnau Arian
Prix	Pris
Qualité	Ansawdd
Restauration	Adfer
Sculpture	Cerflun
Siècle	Canrif
Style	Arddull
Valeur	Gwerth
Vieux	Hen

Archéologie
Archeoleg

Analyse	Dadansoddiad
Années	Blynyddoedd
Antiquité	Hynafiaeth
Chercheur	Ymchwilydd
Civilisation	Gwareiddiad
Descendant	Disgynnydd
Expert	Arbenigwr
Ère	Cyfnod
Équipe	Tîm
Évaluation	Gwerthuso
Fossile	Ffosil
Inconnu	Anhysbys
Mystère	Dirgelwch
Objets	Gwrthrychau
Os	Esgyrn
Oublié	Anghofio
Professeur	Athro
Relique	Crair
Temple	Deml
Tombe	Bedd

Art
Celf

Céramique	Ceramig
Complexe	Cymhleth
Composition	Cyfansoddiad
Créer	Creu
Dépeindre	Portreadu
Expression	Mynegiant
Figure	Ffigur
Honnête	Onest
Humeur	Hwyliau
Inspiré	Ysbrydoli
Original	Gwreiddiol
Peintures	Paentiadau
Personnel	Personol
Poésie	Barddoniaeth
Sculpture	Cerflun
Simple	Syml
Sujet	Pwnc
Surréalisme	Swrealaeth
Symbole	Symbol
Visuel	Gweledol

Astronomie
Seryddiaeth

Astéroïde	Asteroid
Astronaute	Gofodwr
Astronome	Seryddwr
Ciel	Awyr
Constellation	Cytser
Cosmos	Cosmos
Éclipse	Eclipse
Équinoxe	Equinox
Fusée	Roced
Galaxie	Galaeth
Lune	Lleuad
Météore	Meteor
Nébuleuse	Nebula
Observatoire	Arsyllfa
Planète	Blaned
Radiation	Ymbelydredd
Solaire	Solar
Supernova	Uwchnofa
Terre	Ddaear
Univers	Bydysawd

Aventure
Antur

Activité	Gweithgaredd
Beauté	Harddwch
Bravoure	Dewrder
Dangereux	Peryglus
Destination	Cyrchfan
Défis	Heriau
Difficulté	Anhawster
Enthousiasme	Brwdfrydedd
Excursion	Gwibdaith
Inhabituel	Anarferol
Itinéraire	Amserlen
Joie	Llawenydd
Nature	Natur
Navigation	Llywio
Nouveau	Newydd
Opportunité	Cyfle
Préparation	Paratoi
Sécurité	Diogelwch
Surprenant	Syndod
Voyages	Teithio

Avions
Awyrennau

Atmosphère	Awyrgylch
Atterrissage	Glanio
Aventure	Antur
Ballon	Balŵn
Carburant	Tanwydd
Ciel	Awyr
Construction	Adeiladu
Descente	Disgyniad
Direction	Cyfeiriad
Équipage	Criw
Gonfler	Chwyddo
Hauteur	Uchder
Hélices	Cynigion
Histoire	Hanes
Hydrogène	Hydrogen
Moteur	Peiriant
Naviguer	Lywio
Passager	Teithwyr
Pilote	Peilot
Turbulence	Cynnwrf

Ballet
Bale

Applaudissement	Cymeradwyaeth
Artistique	Artistig
Chorégraphie	Coreograffi
Compositeur	Cyfansoddwr
Danseurs	Dawnswyr
Expressif	Mynegiannol
Geste	Ystum
Gracieux	Gosgeiddig
Intensité	Dwysedd
Leçons	Gwersi
Muscles	Cyhyrau
Musique	Cerddoriaeth
Orchestre	Cerddorfa
Public	Gynulleidfa
Répétition	Ymarfer
Rythme	Rhythm
Solo	Unawd
Style	Arddull
Technique	Techneg

Barbecues
Barbeciws

Chaud	Poeth
Couteaux	Cyllyll
Dîner	Cinio
Enfants	Plant
Été	Haf
Faim	Newyn
Famille	Teulu
Fourchettes	Ffyrc
Fruit	Ffrwyth
Gril	Gril
Jeux	Gemau
Légumes	Llysiau
Musique	Cerddoriaeth
Oignons	Syrthion
Poivre	Pupur
Poulet	Cyw Iâr
Salades	Saladau
Sauce	Saws
Sel	Halen
Tomates	Tomatos

Bateaux
Cychod

Ancre	Angor
Bouée	Prynu
Canoë	Canŵ
Corde	Rhaff
Équipage	Criw
Ferry	Fferi
Fleuve	Afon
Kayak	Caiac
Lac	Llyn
Marée	Llanw
Marin	Morwr
Mât	Mwyaf
Mer	Môr
Moteur	Peiriant
Nautique	Morwrol
Océan	Cefnfor
Radeau	Llu
Vagues	Tonnau
Voilier	Cwch Hwylio
Yacht	Hwylio

Bâtiments
Adeiladau

Appartement	Fflat
Atelier	Gweithdy
Cabine	Caban
Château	Castell
Cinéma	Sinema
École	Ysgol
Garage	Garej
Grange	Ysgubor
Hôpital	Ysbyty
Hôtel	Gwesty
Laboratoire	Labordy
Musée	Amgueddfa
Observatoire	Arsyllfa
Stade	Stadiwm
Supermarché	Archfarchnad
Tente	Pabell
Théâtre	Theatr
Tour	Twr
Université	Prifysgol
Usine	Ffatri

Beauté
Harddwch

Boucles	Curls
Charme	Swyn
Ciseaux	Siswrn
Cosmétique	Colur
Couleur	Lliw
Élégance	Ceinder
Élégant	Cain
Grâce	Gras
Huiles	Olewau
Lisse	Llyfn
Maquillage	Cyfansoddiad
Mascara	Mascara
Miroir	Drych
Parfum	Fragrance
Peau	Croen
Photogénique	Ffotogenig
Rouge à Lèvres	Minlliw
Services	Gwasanaethau
Shampooing	Siamp
Styliste	Steilydd

Biologie
Bioleg

Anatomie	Anatomeg
Bactéries	Bacteria
Cellule	Cell
Chromosome	Cromosom
Collagène	Colagen
Embryon	Embryo
Enzyme	Ensym
Évolution	Esblygiad
Hormone	Hormon
Mammifère	Mamal
Mutation	Treiglad
Naturel	Naturiol
Nerf	Nerf
Neurone	Niwron
Osmose	Osmosis
Protéine	Protein
Reptile	Ymlusgiaid
Respiration	Resbiradaeth
Symbiose	Symbiosis
Synapse	Synapse

Boxe
Paffio

Adversaire	Gwrthwynebydd
Arbitre	Canolwr
Blessures	Anafiadau
Cloche	Cloch
Coin	Cornel
Combattant	Ymladd
Concentrer	Ffocws
Cordes	Rhaffau
Corps	Corff
Coude	Penelin
Coup	Cicio
Épuisé	Arddangos
Force	Cryfder
Gants	Menig
Menton	Ên
Poing	Dwrn
Points	Pwyntiau
Rapide	Cyflym
Récupération	Adfer

Café
Coffi

Acide	Asidig
Amer	Chwerw
Arôme	Arogl
Boisson	Diod
Caféine	Caffein
Crème	Hufen
Eau	Dŵr
Filtre	Hidlo
Lait	Llaeth
Liquide	Hylif
Matin	Bore
Moudre	Malu
Noir	Du
Origine	Tarddiad
Prix	Pris
Rôti	Rhost
Saveur	Blas
Sucre	Siwgr
Tasse	Cwpan
Variété	Amrywiaeth

Camping
Gwersylla

Animaux	Anifeiliaid
Aventure	Antur
Boussole	Cwmpawd
Cabine	Caban
Canoë	Canŵ
Carte	Map
Chapeau	Het
Chasse	Hela
Corde	Rhaff
Équipement	Offer
Feu	Tân
Forêt	Coedwig
Hamac	Hammock
Insecte	Pryfed
Lac	Llyn
Lanterne	Llusern
Lune	Lleuad
Montagne	Mynydd
Nature	Natur
Tente	Pabell

Chimie
Cemeg

Acide	Asid
Alcalin	Alcalïaidd
Atomique	Atomig
Carbone	Carbon
Catalyseur	Catalydd
Chaleur	Gwres
Chlore	Clorin
Enzyme	Ensym
Électron	Electron
Gaz	Nwy
Hydrogène	Hydrogen
Ion	Ion
Liquide	Hylif
Métaux	Metelau
Molécule	Moleciwl
Nucléaire	Niwclear
Oxygène	Ocsigen
Poids	Pwysau
Sel	Halen
Température	Tymheredd

Chocolat
Siocled

Amer	Chwerw
Antioxydant	Gwrthocsidiol
Arôme	Arogl
Artisanal	Crefftwyr
Bonbon	Candy
Cacao	Cacao
Calories	Galorïau
Caramel	Caramel
Délicieux	Blasus
Doux	Melys
Exotique	Egsotig
Favori	Hoff
Goût	Blas
Ingrédient	Cynhwysion
Noix de Coco	Cnau Coco
Poudre	Powdr
Qualité	Ansawdd
Recette	Rysáit
Sucre	Siwgr

Conduite
Gyrru

Accident	Damwain
Camion	Lori
Carburant	Tanwydd
Carte	Map
Danger	Perygl
Freins	Breciau
Garage	Garej
Gaz	Nwy
Licence	Trwydded
Moteur	Modur
Moto	Beic Modur
Piéton	Cerddwyr
Police	Heddlu
Route	Ffordd
Sécurité	Diogelwch
Trafic	Traffig
Transport	Cludiant
Tunnel	Twnnel
Vitesse	Cyflymder
Voiture	Car

Corps Humain
Corff Dynol

Bouche	Geg
Cerveau	Ymennydd
Cheville	Ffêr
Cou	Gwddf
Coude	Penelin
Cœur	Galon
Doigt	Bys
Estomac	Bola
Épaule	Ysgwydd
Genou	Pen-Glin
Langue	Tafod
Lèvres	Gwefusau
Main	Llaw
Menton	Ên
Nez	Trwyn
Oreille	Clust
Peau	Croen
Sang	Gwaed
Tête	Pen
Visage	Wyneb

Créativité
Creadigrwydd

Artistique	Artistig
Authenticité	Dilysrwydd
Clarté	Eglurder
Dramatique	Dramatig
Expression	Mynegiant
Émotions	Emosiynau
Fluidité	Hylifedd
Idées	Syniadau
Image	Delwedd
Imagination	Dychymyg
Impression	Argraff
Inspiration	Ysbrydoliaeth
Intensité	Dwysedd
Intuition	Greddf
Inventif	Buddsoddi
Sensation	Teimlad
Sentiments	Teimladau
Spontané	Digymell
Vitalité	Bywiogrwydd

Cuisine
Cegin

Baguettes	Chopsticks
Bol	Bowl
Bouilloire	Tegell
Congélateur	Rhewgell
Couteaux	Cyllyll
Cruche	Jwg
Cuillères	Llwyau
Épices	Sbeisys
Éponge	Noddi
Four	Popty
Fourchettes	Ffyrc
Gril	Gril
Louche	Lletwad
Nourriture	Bwyd
Pot	Jar
Recette	Rysáit
Réfrigérateur	Oergell
Serviette	Napcyn
Tablier	Ffedog
Tasses	Cwpanau

Danse
Dawns

Académie	Academi
Art	Celf
Chorégraphie	Coreograffi
Classique	Clasurol
Corps	Corff
Culture	Diwylliant
Culturel	Diwylliannol
Expressif	Mynegiannol
Émotion	Emosiwn
Grâce	Gras
Joyeux	Llawen
Mouvement	Symudiad
Musique	Cerddoriaeth
Partenaire	Partner
Posture	Osgo
Répétition	Ymarfer
Rythme	Rhythm
Saut	Neidio
Traditionnel	Traddodiadol
Visuel	Gweledol

Diplomatie
Diplomyddiaeth

Ambassadeur	Llysgennad
Campagnes	Ymgyrchoedd
Citoyens	Dinasyddion
Civique	Dinesig
Communauté	Cymuned
Conflit	Gwrthdaro
Discussion	Trafodaeth
Éthique	Moeseg
Étranger	Tramor
Gouvernement	Llywodraeth
Humanitaire	Dyngarol
Intégrité	Uniondeb
Justice	Cyfiawnder
Langues	Ieithoedd
Légal	Cyfreithiol
Résolution	Datrys
Sécurité	Diogelwch
Solution	Ateb
Traité	Cytundeb

Disciplines Scientifiques
Ddisgyblaethau Gwyddonol

Anatomie	Anatomeg
Archéologie	Archaeoleg
Astronomie	Seryddiaeth
Biochimie	Biocemeg
Biologie	Bioleg
Botanique	Llysieueg
Chimie	Cemeg
Écologie	Ecoleg
Géologie	Daeareg
Immunologie	Imiwnoleg
Linguistique	Ieithyddiaeth
Mécanique	Mecaneg
Météorologie	Meteoroleg
Minéralogie	Mwynglawdd
Neurologie	Niwroleg
Physiologie	Ffisioleg
Psychologie	Seicoleg
Robotique	Roboteg
Sociologie	Cymdeithaseg
Zoologie	Milofyddiaeth

Entreprise
Busnes

Argent	Arian
Boutique	Siop
Budget	Cyllideb
Bureau	Swyddfa
Carrière	Gyrfa
Coût	Cost
Employeur	Cyflogwr
Employé	Cyflogai
Entreprise	Cwmni
Économie	Economeg
Finance	Cyllid
Impôts	Trethi
Investissement	Buddsoddiad
Marchandise	Nwyddau
Profit	Elw
Revenu	Incwm
Réduction	Disgownt
Transaction	Trafod
Usine	Ffatri
Vente	Gwerthu

Escalade
Dringo

Altitude	Uchder
Atmosphère	Awyrgylch
Blessure	Anaf
Bottes	Esgidiau
Carte	Map
Casque	Helm
Curiosité	Chwilfrydedd
Défis	Heriau
Expert	Arbenigwr
Étroit	Cul
Force	Cryfder
Formation	Hyfforddiant
Gants	Menig
Grotte	Ogof
Guides	Canllawiau
Physique	Corfforol
Randonnée	Heicio
Stabilité	Sefydlogrwydd
Terrain	Tir

Échecs
Gwyddbwyll

Adversaire	Gwrthwynebydd
Apprendre	I Ddysgu
Blanc	Gwyn
Champion	Pencampwr
Concours	Gystadleuaeth
Défis	Heriau
Diagonal	Lletraws
Jeu	Gêm
Joueur	Chwaraewr
Noir	Du
Passif	Goddefol
Points	Pwyntiau
Reine	Brenhines
Règles	Rheolau
Roi	Brenin
Sacrifice	Aberth
Stratégie	Strategaeth
Temps	Amser
Tournoi	Twrnamaint

Écologie
Ecoleg

Bénévoles	Gwirfoddolwyr
Climat	Hinsawdd
Communautés	Cymunedau
Diversité	Amrywiaeth
Durable	Cynaliadwy
Espèce	Rhywogaethau
Faune	Ffawna
Flore	Flora
Global	Byd-Eang
Habitat	Cynefin
Marais	Gors
Marin	Morol
Montagnes	Mynyddoedd
Nature	Natur
Naturel	Naturiol
Plantes	Planhigion
Ressources	Adnoddau
Sécheresse	Sychder
Survie	Goroesi
Végétation	Llystyfiant

Électricité
Trydan

Aimant	Magnet
Ampoule	Bwlb
Batterie	Batri
Câble	Cebl
Électricien	Trydanwr
Électrique	Trydan
Équipement	Offer
Fils	Gwifrau
Générateur	Generadur
Lampe	Lamp
Laser	Laser
Négatif	Negyddol
Objets	Gwrthrychau
Positif	Cadarnhaol
Prise	Soced
Quantité	Maint
Réseau	Rhwydwaith
Stockage	Storio
Téléphone	Ffôn
Télévision	Teledu

Émotions
Emosiynau

Amour	Caru
Calme	Dawel
Colère	Dicter
Contenu	Cynnwys
Détendu	Hamddenol
Ennui	Diflastod
Excité	Gyffrous
Gentillesse	Caredigrwydd
Joie	Llawenydd
Paix	Heddwch
Peur	Ofn
Reconnaissant	Diolchgar
Relief	Rhyddhad
Satisfait	Fodlon
Surprise	Syndod
Sympathie	Cydymdeimlad
Tendresse	Tynerwch
Tranquillité	Llonyddwch
Tristesse	Tristwch

Énergie
Ynni

Batterie	Batri
Carbone	Carbon
Carburant	Tanwydd
Chaleur	Gwres
Diesel	Diesel
Entropie	Entropi
Environnement	Amgylchedd
Essence	Gasoline
Électrique	Trydan
Électron	Electron
Hydrogène	Hydrogen
Industrie	Diwydiant
Moteur	Modur
Nucléaire	Niwclear
Photon	Ffoton
Pollution	Llygredd
Renouvelable	Adnewyddadwy
Soleil	Haul
Turbine	Tyrbin
Vent	Gwynt

Épices
Sbeisys

Aigre	Sur
Ail	Garlleg
Amer	Chwerw
Anis	Anise
Cannelle	Sinamon
Cardamome	Cardamom
Coriandre	Coriander
Cumin	Cwmin
Curry	Cyri
Fenouil	Ffenigl
Gingembre	Sinsir
Muscade	Nytmeg
Oignon	Union
Paprika	Paprika
Poivre	Pupur
Réglisse	Licorice
Safran	Saffrwm
Saveur	Blas
Sel	Halen
Vanille	Fanila

Famille
Teulu

Ancêtre	Hynafiad
Cousin	Cefnder
Enfance	Plentyndod
Enfant	Plentyn
Enfants	Plant
Femme	Gwraig
Fille	Merch
Frère	Brawd
Grand-Mère	Nain
Grand-Père	Taid
Mari	Gŵr
Maternel	Mamau
Mère	Fam
Neveu	Nai
Nièce	Nith
Oncle	Ewythr
Paternel	Tadol
Père	Tad
Soeur	Chwaer
Tante	Modryb

Ferme #1
Fferm # 1

Abeille	Gwenyn
Âne	Asyn
Bison	Bison
Champ	Maes
Chat	Cath
Cheval	Ceffyl
Chèvre	Gafr
Chien	Ci
Clôture	Ffens
Cochon	Mochyn
Corbeau	Frân
Eau	Dŵr
Engrais	Gwrtaith
Foin	Gwair
Miel	Mêl
Poulet	Cyw lâr
Riz	Reis
Troupeau	Ddiadell
Vache	Buwch
Veau	Llo

Ferme #2
Fferm # 2

Agneau	Cig Oen
Agriculteur	Ffermwr
Animaux	Anifeiliaid
Berger	Bugail
Blé	Gwenith
Canard	Hwyaden
Fruit	Ffrwyth
Grange	Ysgubor
Irrigation	Dyfrhau
Lait	Llaeth
Lama	Lama
Légume	Llysiau
Maïs	Corn
Mouton	Defaid
Mûr	Aeddfed
Nourriture	Bwyd
Orge	Haidd
Pré	Dôl
Tracteur	Tractor
Verger	Berllan

Force et Gravité
Heddlu a Disgyrchiant

Axe	Echel
Centre	Canol
Découverte	Darganfyddiad
Distance	Pellter
Dynamique	Dynamig
Expansion	Ehangu
Élan	Momentwm
Friction	Ffrithiant
Impact	Effaith
Magnétisme	Magneteg
Mécanique	Mecaneg
Mouvement	Cynnig
Orbite	Orbit
Physique	Ffiseg
Planètes	Planedau
Pression	Pwysau
Propriétés	Eiddo
Temps	Amser
Universel	Cyffredinol
Vitesse	Cyflymder

Forêt Tropicale
Fforestydd Glaw

Amphibiens	Amffibiaid
Botanique	Botanegol
Climat	Hinsawdd
Communauté	Cymuned
Diversité	Amrywiaeth
Espèce	Rhywogaethau
Indigène	Cynhenid
Insectes	Pryfed
Jungle	Jyngl
Mammifères	Mamaliaid
Mousse	Mwsogl
Nature	Natur
Nuage	Cymylau
Oiseaux	Adar
Précieux	Gwerthfawr
Préservation	Cadwraeth
Refuge	Lloches
Respect	Parch
Restauration	Adfer
Survie	Goroesi

Fruit
Ffrwythau

Abricot	Bricyll
Avocat	Afocado
Baie	Aeron
Banane	Banana
Cerise	Ceirios
Citron	Lemon
Figue	Ffig
Framboise	Mafon
Goyave	Guava
Kiwi	Ciwi
Mangue	Mango
Melon	Melon
Nectarine	Nectarine
Orange	Oren
Papaye	Papaia
Pêche	Peach
Poire	Gellyg
Pomme	Afal
Prune	Eirin
Raisin	Grawnwin

Géographie
Daearyddiaeth

Altitude	Uchder
Atlas	Atlas
Carte	Map
Continent	Cyfandir
Fleuve	Afon
Hémisphère	Hemisffer
Île	Ynys
Latitude	Lledred
Mer	Môr
Méridien	Meridian
Monde	Byd
Montagne	Mynydd
Nord	Gogledd
Océan	Cefnfor
Ouest	Gorllewin
Pays	Gwlad
Région	Rhanbarth
Sud	De
Territoire	Tiriogaeth
Ville	Dinas

Géologie
Daeareg

Acide	Asid
Calcium	Calsiwm
Caverne	Ogof
Continent	Cyfandir
Corail	Cwrel
Couche	Haen
Cristaux	Crisialau
Fondu	Tawdd
Fossile	Ffosil
Geyser	Geyser
Lave	Lafa
Minéraux	Mwynau
Pierre	Carreg
Plateau	Gwastad
Quartz	Cwarts
Sel	Halen
Stalactite	Stalactite
Stalagmites	Stalagmidau
Volcan	Llosgfynydd
Zone	Parth

Géométrie
Geometreg

Angle	Ongl
Calcul	Cyfrifiad
Cercle	Cylch
Courbe	Gromlin
Diamètre	Diamedr
Dimension	Dimensiwn
Équation	Hafaliad
Hauteur	Uchder
Logique	Rhesymeg
Masse	Màs
Médian	Canolrif
Nombre	Rhif
Parallèle	Cyfochrog
Proportion	Cyfran
Segment	Segment
Surface	Wyneb
Symétrie	Cymesuredd
Théorie	Theori
Triangle	Triongl
Vertical	Fertigol

Gouvernement
Llywodraeth

Citoyenneté	Dinasyddiaeth
Civil	Sifil
Constitution	Cyfansoddiad
Démocratie	Democratiaeth
Discours	Araith
Discussion	Trafodaeth
District	Ardal
Droits	Hawliau
Égalité	Cydraddoldeb
État	Wladwriaeth
Indépendance	Annibyniaeth
Judiciaire	Barnwrol
Justice	Cyfiawnder
Liberté	Rhyddid
Loi	Cyfraith
Monument	Heneb
Nation	Cenedl
National	Cenedlaethol
Paisible	Heddychlon
Symbole	Symbol

Herboristerie
Llysieuol

Ail	Garlleg
Aromatique	Aromatig
Basilic	Basil
Bénéfique	Buddiol
Culinaire	Coginio
Estragon	Taragon
Fenouil	Ffenigl
Fleur	Blodyn
Ingrédient	Cynhwysion
Jardin	Gardd
Lavande	Lafant
Marjolaine	Marjoram
Menthe	Bathdy
Persil	Persli
Qualité	Ansawdd
Romarin	Rhosmar
Safran	Saffrwm
Saveur	Blas
Thym	Teim
Vert	Gwyrdd

Ingénierie
Peirianneg

Angle	Ongl
Axe	Echel
Calcul	Cyfrifiad
Construction	Adeiladu
Diagramme	Diagram
Diamètre	Diamedr
Diesel	Diesel
Distribution	Dosbarthu
Énergie	Ynni
Force	Cryfder
Friction	Ffrithiant
Liquide	Hylif
Machine	Peiriant
Mesure	Mesur
Moteur	Modur
Mouvement	Cynnig
Profondeur	Dyfnder
Rotation	Cylchdro
Stabilité	Sefydlogrwydd
Structure	Strwythur

Jardin
Gardd

Arbre	Coed
Banc	Mainc
Buisson	Llwyn
Clôture	Ffens
Étang	Pwll
Fleur	Blodyn
Garage	Garej
Hamac	Hammock
Herbe	Glaswellt
Jardin	Gardd
Mauvaises Herbes	Chwyn
Pelle	Rhaw
Pelouse	Lawnt
Porche	Cyntedd
Râteau	Rhaca
Sol	Pridd
Terrasse	Teras
Trampoline	Trampolîn
Tuyau	Pibell
Vigne	Winwydd

Jardinage
Garddio

Botanique	Botanegol
Bouquet	Tusw
Climat	Hinsawdd
Comestible	Bwytadwy
Compost	Compost
Eau	Dŵr
Espèce	Rhywogaethau
Exotique	Egsotig
Feuillage	Dail
Fleur	Blodyn
Floral	Blodau
Graines	Hadau
Humidité	Lleithder
Récipient	Cynhwysydd
Saisonnier	Tymhorol
Saleté	Baw
Sol	Pridd
Tuyau	Pibell
Verger	Berllan

Jazz
Jazz

Album	Albwm
Artiste	Artist
Célèbre	Enwog
Chanson	Cân
Compositeur	Cyfansoddwr
Composition	Cyfansoddiad
Concert	Cyngerdd
Favoris	Ffefrynnau
Genre	Genre
Improvisation	Byrfyfyr
Musique	Cerddoriaeth
Nouveau	Newydd
Orchestre	Cerddorfa
Rythme	Rhythm
Solo	Unawd
Style	Arddull
Talent	Talent
Tambours	Drymiau
Technique	Techneg
Vieux	Hen

Jours et Mois
Diwrnodau a Misoedd

Août	Awst
Avril	Ebrill
Calendrier	Calendr
Dimanche	Dydd Sul
Février	Chwefror
Janvier	Ionawr
Jeudi	Dydd Iau
Juillet	Gorffennaf
Juin	Mehefin
Lundi	Dydd Llun
Mardi	Dydd Mawrth
Mars	Mawrth
Mercredi	Dydd Mercher
Mois	Mis
Novembre	Tachwedd
Octobre	Hydref
Samedi	Dydd Sadwrn
Semaine	Wythnos
Septembre	Medi
Vendredi	Dydd Gwener

L'Entreprise
Y Cwmni

Affaires	Busnes
Créatif	Creadigol
Décision	Penderfyniad
Emploi	Cyflogaeth
Global	Byd-Eang
Industrie	Diwydiant
Innovant	Arloesol
Investissement	Buddsoddiad
Possibilité	Posibilrwydd
Présentation	Cyflwyniad
Produit	Cynnyrch
Professionnel	Proffesiynol
Progrès	Cynnydd
Qualité	Ansawdd
Ressources	Adnoddau
Revenu	Refeniw
Réputation	Enw Da
Risques	Risgiau
Tendances	Tueddiadau
Unités	Unedau

Les Abeilles
Gwenyn

Ailes	Adenydd
Bénéfique	Buddiol
Cire	Cwyr
Diversité	Amrywiaeth
Essaim	Haid
Écosystème	Ecosystem
Fleur	Blodyn
Fleurs	Blodau
Fruit	Ffrwyth
Fumée	Mwg
Habitat	Cynefin
Insecte	Pryfed
Jardin	Gardd
Miel	Mêl
Nourriture	Bwyd
Plantes	Planhigion
Pollen	Paill
Reine	Brenhines
Ruche	Cwch
Soleil	Haul

Les Médias
Y Cyfryngau

Attitudes	Agweddau
Commercial	Masnachol
Communication	Cyfathrebu
En Ligne	Ar-Lein
Édition	Argraffiad
Éducation	Addysg
Faits	Ffeithiau
Financement	Cyllid
Images	Delweddau
Individuel	Unigol
Industrie	Diwydiant
Intellectuel	Deallusol
Local	Lleol
Numérique	Digidol
Opinion	Barn
Photos	Lluniau
Public	Cyhoeddus
Radio	Radio
Réseau	Rhwydwaith
Télévision	Teledu

Légumes
Llysiau

Ail	Garlleg
Algue	Gwymon
Artichaut	Artisiog
Aubergine	Eggplant
Brocoli	Brocoli
Carotte	Moron
Céleri	Seleri
Champignon	Madarch
Citrouille	Pwmpen
Concombre	Ciwcymbr
Épinard	Sbigoglys
Gingembre	Sinsir
Navet	Maip
Oignon	Union
Olive	Olewydd
Persil	Persli
Pois	Pys
Radis	Radish
Salade	Salad
Tomate	Tomato

Littérature
Llenyddiaeth

Analogie	Cyfatebiaeth
Analyse	Dadansoddiad
Anecdote	Chwedl
Auteur	Awdur
Biographie	Bywgraffiad
Comparaison	Cymhariaeth
Conclusion	Casgliad
Description	Disgrifiad
Dialogue	Deialog
Fiction	Ffuglen
Métaphore	Trosiad
Narrateur	Adroddwr
Poème	Cerdd
Poétique	Barddonol
Rime	Odl
Roman	Nofel
Rythme	Rhythm
Style	Arddull
Thème	Thema
Tragédie	Drychineb

Livres
Llyfrau

Auteur	Awdur
Aventure	Antur
Collection	Casgliad
Contexte	Cyd-Destun
Dualité	Deuoliaeth
Épique	Epig
Histoire	Stori
Historique	Hanesyddol
Humoristique	Doniol
Inventif	Buddsoddi
Lecteur	Darllenydd
Littéraire	Llenyddol
Narrateur	Adroddwr
Page	Tudalen
Pertinent	Perthnasol
Poème	Cerdd
Poésie	Barddoniaeth
Roman	Nofel
Série	Cyfres
Tragique	Trasig

Maison
Tŷ

Balai	Banadl
Bibliothèque	Llyfrgell
Chambre	Ystafell
Cheminée	Lle Tân
Clés	Allweddi
Clôture	Ffens
Cuisine	Cegin
Douche	Cawod
Fenêtre	Ffenestr
Garage	Garej
Grenier	Atig
Jardin	Gardd
Lampe	Lamp
Miroir	Drych
Mur	Wal
Plafond	Nenfwd
Porte	Drws
Rideaux	Llenni
Tapis	Rug
Toit	To

Maladie
Clefyd

Aigu	Aciwt
Allergies	Alergeddau
Bien-Être	Lles
Chronique	Cronig
Contagieux	Heintus
Corps	Corff
Cœur	Galon
Faible	Gwan
Génétique	Genetig
Héréditaire	Etifeddol
Immunité	Imiwnedd
Inflammation	Llid
Lombaire	Meingefnol
Neuropathie	Niwropatheg
Os	Esgyrn
Pathogènes	Pathogenau
Respiratoire	Atebol
Santé	Iechyd
Syndrome	Syndrom
Thérapie	Therapi

Mammifères
Mamaliaid

Baleine	Morfil
Chat	Cath
Cheval	Ceffyl
Chien	Ci
Coyote	Coyote
Dauphin	Dolffin
Éléphant	Eliffant
Girafe	Jiraff
Gorille	Gorila
Kangourou	Kangaroo
Lapin	Cwningen
Lion	Llew
Loup	Blaidd
Mouton	Defaid
Ours	Arth
Renard	Llwynog
Singe	Mwnci
Taureau	Tarw
Tigre	Teigr
Zèbre	Sebra

Mathématiques
Mathemateg

Angles	Onglau
Arithmétique	Rhifyddeg
Carré	Sgwâr
Circonférence	Cylchedd
Décimal	Degol
Diamètre	Diamedr
Équation	Hafaliad
Fraction	Ffracsiwn
Géométrie	Geometreg
Parallèle	Cyfochrog
Parallélogramme	Paralelogram
Perpendiculaire	Berpendicwlar
Périmètre	Amfesur
Polygone	Polygon
Rayon	Radiws
Rectangle	Petryal
Somme	Swm
Symétrie	Cymesuredd
Triangle	Triongl
Volume	Cyfrol

Mesures
Mesuriadau

Centimètre	Canolfan
Degré	Gradd
Décimal	Degol
Gramme	Gram
Hauteur	Uchder
Kilogramme	Cilogram
Largeur	Lled
Litre	Litr
Longueur	Hyd
Masse	Màs
Mètre	Mesurydd
Minute	Munud
Octet	Beit
Once	Owns
Pinte	Peint
Poids	Pwysau
Pouce	Modfedd
Profondeur	Dyfnder
Tonne	Tunnell
Volume	Cyfrol

Méditation
Myfyrdod

Acceptation	Derbyn
Attention	Sylw
Calme	Dawel
Clarté	Eglurder
Compassion	Tosturi
Esprit	Meddwl
Émotions	Emosiynau
Éveillé	Effro
Gentillesse	Caredigrwydd
Gratitude	Diolchgarwch
Habitudes	Arferion
Mental	Meddyliol
Mouvement	Symudiad
Musique	Cerddoriaeth
Nature	Natur
Paix	Heddwch
Perspective	Safbwynt
Posture	Osgo
Respiration	Anadlu
Silence	Distawrwydd

Météo
Tywydd

Arc-En-Ciel	Enfys	
Atmosphère	Awyrgylch	
Brise	Awel	
Brouillard	Niwl	
Calme	Dawel	
Ciel	Awyr	
Climat	Hinsawdd	
Glace	Iâ	
Mousson	Monsŵn	
Nuage	Cwmwl	
Ouragan	Corwynt	
Polaire	Polar	
Sec	Sych	
Sécheresse	Sychder	
Température	Tymheredd	
Tempête	Storm	
Tonnerre	Taranau	
Tornade	Tornado	
Tropical	Trofannol	
Vent	Gwynt	

Mode
Ffasiwn

Abordable	Fforddiadwy
Boutique	Boutique
Boutons	Botymau
Broderie	Brodwaith
Cher	Drud
Confortable	Cyfforddus
Dentelle	Lace
Élégant	Cain
Mesures	Mesuriadau
Minimaliste	Lleiaf
Moderne	Modern
Modeste	Cymedrol
Modèle	Patrwm
Original	Gwreiddiol
Pratique	Ymarferol
Simple	Syml
Style	Arddull
Tendance	Tuedd
Texture	Gwead
Vêtements	Dillad

Musique
Cerddoriaeth

Album	Albwm
Ballade	Baled
Chanter	Canu
Chanteur	Canwr
Classique	Clasurol
Enregistrement	Cofnodi
Harmonie	Harmoni
Harmonique	Harmonig
Instrument	Offeryn
Lyrique	Telynegol
Mélodie	Alaw
Microphone	Meicroffon
Musical	Cerddorol
Musicien	Cerddor
Opéra	Opera
Poétique	Barddonol
Rythme	Rhythm
Rythmique	Rhythmig
Tempo	Tempo
Vocal	Lleisiol

Mythologie
Mytholeg

Catastrophe	Trychineb
Comportement	Ymddygiad
Création	Creu
Créature	Creadur
Croyances	Credoau
Culture	Diwylliant
Éclair	Mellt
Force	Cryfder
Guerrier	Rhyfelwr
Héroïne	Arwres
Héros	Arwr
Immortalité	Anfarwoldeb
Jalousie	Cenfigen
Labyrinthe	Labyrinth
Légende	Chwedl
Magique	Hudol
Monstre	Anghenfil
Mortel	Marwol
Tonnerre	Meddwl
Vengeance	Dial

Nature
Natur

Abeilles	Gwenyn
Animaux	Anifeiliaid
Arctique	Arctig
Beauté	Harddwch
Brouillard	Niwl
Désert	Anialwch
Dynamique	Dynamig
Falaises	Clogwyni
Feuillage	Dail
Fleuve	Afon
Forêt	Coedwig
Glacier	Rhewlif
Montagnes	Mynyddoedd
Nuage	Cymylau
Paisible	Heddychlon
Sanctuaire	Cysegr
Sauvage	Gwyllt
Serein	Tawel
Tropical	Trofannol
Vital	Hanfodol

Nourriture #1
Bwyd # 1

Ail	Garlleg
Basilic	Basil
Café	Coffi
Cannelle	Sinamon
Carotte	Moron
Citron	Lemon
Épinard	Sbigoglys
Fraise	Mefus
Jus	Sudd
Lait	Llaeth
Navet	Maip
Oignon	Union
Orge	Haidd
Poire	Gellyg
Salade	Salad
Sel	Halen
Soupe	Cawl
Sucre	Siwgr
Thon	Tiwna
Viande	Cig

Nourriture #2
Bwyd # 2

Amande	Almon
Aubergine	Eggplant
Banane	Banana
Blé	Gwenith
Brocoli	Brocoli
Cerise	Ceirios
Céleri	Seleri
Champignon	Madarch
Chocolat	Siocled
Jambon	Ham
Kiwi	Ciwi
Mangue	Mango
Oeuf	Wy
Pain	Bara
Poisson	Pysgod
Pomme	Afal
Poulet	Cyw lâr
Raisin	Grawnwin
Riz	Reis
Tomate	Tomato

Nutrition
Maeth

Amer	Chwerw
Appétit	Archwaeth
Calories	Galorïau
Comestible	Bwytadwy
Diète	Deiet
Digestion	Treuliad
Épices	Sbeisys
Équilibré	Cytbwys
Fermentation	Eplesu
Glucides	Carbohydradau
Liquides	Hylifau
Poids	Pwysau
Protéines	Proteinau
Qualité	Ansawdd
Sain	Iach
Santé	Iechyd
Sauce	Saws
Saveur	Blas
Toxine	Gwenwyn
Vitamine	Fitamin

Océan
Cefnfor

Algue	Gwymon
Anguille	Llysywod
Baleine	Morfil
Bateau	Cwch
Corail	Cwrel
Crabe	Cranc
Crevette	Berdys
Dauphin	Dolffin
Éponge	Noddi
Huître	Wystrys
Marées	Llanw
Méduse	Sglefrod Môr
Poisson	Pysgod
Poulpe	Octopws
Requin	Siarc
Sel	Halen
Tempête	Storm
Thon	Tiwna
Tortue	Crwban
Vagues	Tonnau

Oiseaux
Adar

Aigle	Eryr
Autruche	Estrys
Canard	Hwyaden
Cigogne	Ciconia
Colombe	Colomen
Corbeau	Frân
Coucou	Gog
Cygne	Alarch
Héron	Crëyr
Manchot	Pengwin
Moineau	Aderyn
Mouette	Gwylan
Oeuf	Wy
Oie	Gŵydd
Paon	Paun
Perroquet	Parot
Pélican	Pelican
Pigeon	Colomennod
Poulet	Cyw lâr
Toucan	Twcan

Pays #1
Gwledydd # 1

Afghanistan	Affganistan
Allemagne	Yr Almaen
Argentine	Ariannin
Brésil	Brasil
Canada	Canada
Espagne	Sbaen
Équateur	Ecwador
Finlande	Ffindir
Inde	India
Israël	Israel
Libye	Libya
Mali	Mali
Maroc	Moroco
Nicaragua	Nicaragua
Norvège	Norwy
Panama	Panama
Philippines	Philippines
Pologne	Gwlad Pwyl
Roumanie	Romania
Venezuela	Venezuela

Pays #2
Gwledydd # 2

Albanie	Albania
Chine	Tsieina
Danemark	Denmarc
France	Ffrainc
Haïti	Haiti
Indonésie	Indonesia
Irlande	Iwerddon
Jamaïque	Jamaica
Japon	Japan
Kenya	Kenya
Laos	Laos
Liban	Libanus
Mexique	Mecsico
Ouganda	Uganda
Pakistan	Pakistan
Russie	Rwsia
Somalie	Somalia
Soudan	Sudan
Syrie	Syria
Ukraine	Wcráin

Paysages
Tirweddau

Cascade	Rhaeadr
Colline	Bryn
Désert	Anialwch
Estuaire	Aber
Fleuve	Afon
Geyser	Geyser
Glacier	Rhewlif
Grotte	Ogof
Iceberg	Mynydd Iâ
Île	Ynys
Lac	Llyn
Marais	Gors
Mer	Môr
Montagne	Mynydd
Oasis	Werddon
Péninsule	Penrhyn
Plage	Traeth
Toundra	Tundra
Vallée	Dyffryn
Volcan	Llosgfynydd

Philanthropie
Dyngarwch

Besoin	Angen
Buts	Nodau
Charité	Elusen
Communauté	Cymuned
Contacts	Cysylltiadau
Défis	Heriau
Enfants	Plant
Finance	Cyllid
Fonds	Cronfeydd
Gens	Pobl
Générosité	Haelioni
Global	Byd-Eang
Groupes	Grwpiau
Histoire	Hanes
Honnêteté	Gonestrwydd
Humanité	Dynoliaeth
Jeunesse	Ieuenctid
Mission	Cenhadaeth
Programmes	Rhaglenni
Public	Cyhoeddus

Physique
Ffiseg

Accélération	Cyflymiad
Atome	Atom
Chaos	Anhrefn
Chimique	Cemegol
Densité	Dwysedd
Électron	Electron
Formule	Fformiwla
Fréquence	Amlder
Gaz	Nwy
Gravité	Disgyrchiant
Magnétisme	Magneteg
Masse	Màs
Mécanique	Mecaneg
Molécule	Moleciwl
Moteur	Peiriant
Nucléaire	Niwclear
Particule	Gronynnau
Relativité	Ymlacio
Universel	Cyffredinol
Vitesse	Cyflymder

Plantes
Planhigion

Arbre	Coed
Baie	Aeron
Bambou	Bambŵ
Botanique	Llysieueg
Buisson	Llwyn
Cactus	Cactus
Engrais	Gwrtaith
Feuillage	Dail
Fleur	Blodyn
Flore	Flora
Forêt	Coedwig
Grandir	Tyfu
Haricot	Ffa
Herbe	Glaswellt
Jardin	Gardd
Lierre	Eiddew
Mousse	Mwsogl
Pétale	Petal
Racine	Gwraidd
Végétation	Llystyfiant

Professions #1
Proffesiynau # 1

Ambassadeur	Llysgennad
Astronome	Seryddwr
Avocat	Cyfreithiwr
Banquier	Banciwr
Bijoutier	Gemydd
Cartographe	Cartographer
Chasseur	Helwyr
Danseur	Dawnsiwr
Entraîneur	Hyfforddwr
Éditeur	Golygydd
Géologue	Daearegwr
Infirmière	Nyrs
Médecin	Meddyg
Musicien	Cerddor
Pianiste	Pianydd
Plombier	Plymwr
Pompier	Diffoddwr Tân
Psychologue	Seicolegydd
Scientifique	Cwyddonydd
Vétérinaire	Milfeddyg

Professions #2
Proffesiynau # 2

Agriculteur	Ffermwr
Astronaute	Gofodwr
Bibliothécaire	Llyfrgellydd
Biologiste	Biolegydd
Chercheur	Ymchwilydd
Chirurgien	Llawfeddyg
Dentiste	Deintydd
Détective	Ditectif
Enseignant	Athro
Illustrateur	Darlunydd
Ingénieur	Peiriannydd
Inventeur	Dyfeisiwr
Jardinier	Garddwr
Journaliste	Newyddiadurwr
Linguiste	Ieithydd
Médecin	Meddyg
Peintre	Peintiwr
Philosophe	Athronydd
Photographe	Ffotograffydd
Pilote	Peilot

Psychologie
Seicoleg

Clinique	Clinigol
Cognition	Gwybyddiaeth
Comportement	Ymddygiad
Conflit	Gwrthdaro
Ego	Ego
Enfance	Plentyndod
Expériences	Profiadau
Émotions	Emosiynau
Évaluation	Asesiad
Idées	Syniadau
Inconscient	Anymwybodol
Influences	Dylanwadau
Pensées	Meddyliau
Perception	Canfyddiad
Personnalité	Personoliaeth
Problème	Broblem
Réalité	Realiti
Rêves	Breuddwydion
Sensation	Teimlad
Thérapie	Therapi

Randonnée
Heicio

Animaux	Anifeiliaid
Bottes	Esgidiau
Camping	Gwersylla
Carte	Map
Climat	Hinsawdd
Dangers	Peryglon
Eau	Dŵr
Falaise	Clogwyn
Fatigué	Flinedig
Guides	Canllawiau
Lourd	Trwm
Météo	Tywydd
Montagne	Mynydd
Nature	Natur
Orientation	Cyfeiriad
Parcs	Parciau
Pierres	Cerrig
Préparation	Paratoi
Sauvage	Gwyllt
Soleil	Haul

Remplir
I Llenwch

Baignoire	Twb
Baril	Gasgen
Bassin	Basn
Boîte	Blwch
Bouteille	Potel
Caisse	Cawell
Carton	Carton
Dossier	Ffolder
Enveloppe	Amlen
Panier	Basged
Paquet	Pecyn
Plateau	Hambwrdd
Poche	Poced
Pot	Jar
Sac	Bag
Seau	Bwced
Tiroir	Drôr
Tube	Tiwb
Valise	Cês
Vase	Vase

Réchauffement Climatique
Cynhesu Byd-Eang

Arctique	Arctig
Attention	Sylw
Climat	Hinsawdd
Crise	Argyfwng
Développement	Datblygu
Données	Data
Environnemental	Amgylcheddol
Énergie	Ynni
Futur	Dyfodol
Gaz	Nwy
Générations	Cenedlaethau
Gouvernement	Llywodraeth
Habitats	Cynefinoedd
Industrie	Diwydiant
International	Rhyngwladol
Législation	Deddfwriaeth
Maintenant	Nawr
Populations	Poblogaethau
Scientifique	Gwyddonydd
Températures	Tymheredd

Santé et Bien-Être #1
Iechyd a Lles # 1

Actif	Gweithredol
Bactéries	Bacteria
Blessure	Anaf
Clinique	Clinig
Faim	Newyn
Fracture	Twyll
Habitude	Arfer
Hauteur	Uchder
Hormone	Hormonau
Médecin	Meddyg
Médicament	Meddygaeth
Muscles	Cyhyrau
Os	Esgyrn
Peau	Croen
Pharmacie	Fferyllfa
Posture	Osgo
Relaxation	Ymlacio
Réflexe	Atgyrch
Thérapie	Therapi
Traitement	Triniaeth

Santé et Bien-Être #2
Iechyd a Lles # 2

Allergie	Alergedd
Anatomie	Anatomeg
Appétit	Archwaeth
Calorie	Calori
Corps	Corff
Déshydratation	Diffyg
Énergie	Ynni
Génétique	Geneteg
Hôpital	Ysbyty
Hygiène	Hylendid
Infection	Haint
Maladie	Clefyd
Massage	Tylino
Nutrition	Maeth
Poids	Pwysau
Récupération	Adfer
Sain	Iach
Sang	Gwaed
Stress	Straen
Vitamine	Fitamin

Science
Gwyddoniaeth

Atome	Atom
Chimique	Cemegol
Climat	Hinsawdd
Données	Data
Expérience	Arbrawf
Évolution	Esblygiad
Fait	Ffaith
Fossile	Ffosil
Gravité	Disgyrchiant
Hypothèse	Ddamcaniaeth
Laboratoire	Labordy
Méthode	Dull
Minéraux	Mwynau
Molécules	Moleciwlau
Nature	Natur
Organisme	Organeb
Particules	Gronynnau
Physique	Ffiseg
Plantes	Planhigion
Scientifique	Gwyddonydd

Science-Fiction
Ffuglen Gwyddoniaeth

Atomique	Atomig
Cinéma	Sinema
Explosion	Ffrwydrad
Extrême	Eithafol
Fantastique	Gwych
Feu	Tân
Futuriste	Dyfodolaidd
Galaxie	Galaeth
Illusion	Rhith
Imaginaire	Dychmygol
Livres	Llyfrau
Monde	Byd
Mystérieux	Dirgel
Oracle	Oracle
Planète	Blaned
Réaliste	Realistig
Robots	Robotiaid
Scénario	Senario
Technologie	Technoleg
Utopie	Utopia

Sport
Chwaraeon

Athlète	Mabolgampwr
Capacité	Gallu
Corps	Corff
Cyclisme	Beicio
Danse	Dawnsio
Diète	Deiet
Endurance	Dygnwch
Entraîneur	Hyfforddwr
Force	Cryfder
Jogging	Loncian
Maximiser	Wneud y Gorau
Métabolique	Metabolig
Muscles	Cyhyrau
Nager	I Nofio
Nutrition	Maeth
Objectif	Nod
Os	Esgyrn
Programme	Rhaglen
Santé	Iechyd
Sports	Chwaraeon

Temps
Amser

Année	Blwyddyn
Annuel	Blynyddol
Après	Ar Ôl
Avant	Cyn
Bientôt	Yn Fuan
Calendrier	Calendr
Décennie	Degawd
Futur	Dyfodol
Heure	Awr
Hier	Ddoe
Horloge	Cloc
Jour	Dydd
Maintenant	Nawr
Matin	Bore
Midi	Hanner Dydd
Minute	Munud
Mois	Mis
Nuit	Nos
Semaine	Wythnos
Siècle	Canrif

Types de Cheveux
Mathau o Wallt

Argent	Arian
Blanc	Gwyn
Blond	Blond
Boucles	Curls
Brillant	Sgleiniog
Chauve	Moel
Coloré	Lliw
Court	Byr
Doux	Meddal
Épais	Trwchus
Frisé	Cyrliog
Gris	Llwyd
Long	Hir
Marron	Brown
Mince	Tenau
Noir	Du
Sain	Iach
Sec	Sych
Tresses	Blethi
Tressé	Plethedig

Univers
Bydysawd

Astéroïde	Asteroid
Astronome	Seryddwr
Astronomie	Seryddiaeth
Atmosphère	Awyrgylch
Ciel	Awyr
Cosmique	Cosmig
Équateur	Cyhydedd
Galaxie	Galaeth
Hémisphère	Hemisffer
Horizon	Gorwel
Latitude	Lledred
Longitude	Hydred
Lune	Lleuad
Obscurité	Tywyllwch
Orbite	Orbit
Solaire	Solar
Solstice	Ateb
Télescope	Telesgop
Visible	Gweladwy
Zodiaque	Sidydd

Vacances #2
Yn Ystod y Gwyliau #2

Aéroport	Maes Awyr
Camping	Gwersylla
Carte	Map
Destination	Cyrchfan
Étranger	Tramor
Hôtel	Gwesty
Île	Ynys
Loisir	Hamdden
Mer	Môr
Passeport	Pasbort
Plage	Traeth
Restaurant	Bwyty
Réservations	Amheuon
Taxi	Tacsi
Tente	Pabell
Train	Trên
Transport	Cludiant
Vacances	Gwyliau
Visa	Fisa
Voyage	Taith

Véhicules
Cerbydau

Ambulance	Ambiwlans
Avion	Awyren
Bateau	Cwch
Bus	Bws
Camion	Lori
Caravane	Carafan
Ferry	Fferi
Fusée	Roced
Hélicoptère	Hofrennydd
Métro	Isffordd
Moteur	Modur
Navette	Gwennol
Pneus	Tirion
Radeau	Llu
Scooter	Sgwter
Sous-Marin	Llong Danfor
Taxi	Tacsi
Tracteur	Tractor
Vélo	Beic
Voiture	Car

Vêtements
Dillad

Bracelet	Breichled
Ceinture	Gwregys
Chapeau	Het
Chaussure	Esgid
Chemise	Crys
Chemisier	Blows
Collier	Adnabod
Foulard	Sgarff
Gants	Menig
Jeans	Jîns
Jupe	Sgert
Manteau	Côt
Mode	Ffasiwn
Pantalon	Pants
Pull	Chwyswr
Pyjama	Pyjamas
Robe	Gwisg
Sandales	Sandalau
Tablier	Ffedog
Veste	Siaced

Ville
Y Dref

Aéroport	Maes Awyr
Banque	Banc
Bibliothèque	Llyfrgell
Boulangerie	Becws
Cinéma	Sinema
Clinique	Clinig
École	Ysgol
Fleuriste	Siop Flodau
Galerie	Oriel
Hôtel	Gwesty
Librairie	Siop Lyfrau
Marché	Farchnad
Musée	Amgueddfa
Pharmacie	Fferyllfa
Restaurant	Bwyty
Stade	Stadiwm
Supermarché	Archfarchnad
Théâtre	Theatr
Université	Prifysgol
Zoo	Sw

Félicitations

Vous avez réussi !

Nous espérons que vous avez apprécié ce livre autant que nous avons pris plaisir à le concevoir. Nous faisons de notre mieux pour créer des livres de la meilleure qualité possible.
Cette édition est conçue pour permettre un apprentissage intelligent et de qualité en se divertissant !

Vous avez aimé ce livre ?

Une Simple Demande

Nos livres existent grâce aux avis que vous publiez. Pourriez-vous nous aider en laissant un avis maintenant ?

Voici un lien rapide qui vous mènera à votre page d'évaluation de vos commandes :

BestBooksActivity.com/Avis50

CHALLENGE FINAL !

Défi n°1

Êtes-vous prêt pour votre jeu bonus ? Nous les utilisons tout le temps mais ils ne sont pas si faciles à trouver. Voici les **Synonymes** !

Notez 5 mots que vous avez trouvés dans les puzzles notés ci-dessous (n°21, n°36, n°76) et essayez de trouver 2 synonymes pour chaque mot.

Notez 5 Mots du **Puzzle 21**

Mots	Synonyme 1	Synonyme 2

Notez 5 Mots du **Puzzle 36**

Mots	Synonyme 1	Synonyme 2

Notez 5 Mots du **Puzzle 76**

Mots	Synonyme 1	Synonyme 2

Défi n°2

Maintenant que vous vous êtes échauffé, notez 5 mots que vous avez découverts dans les Puzzles n° 9, n° 17, n° 25 et essayez de trouver 2 antonymes pour chaque mot. Combien pouvez-vous en trouver en 20 minutes ?

Notez 5 Mots du **Puzzle 9**

Mots	Antonyme 1	Antonyme 2

Notez 5 Mots du **Puzzle 17**

Mots	Antonyme 1	Antonyme 2

Notez 5 Mots du **Puzzle 25**

Mots	Antonyme 1	Antonyme 2

Défi n°3

Formidable ! Ce défi final n'est rien pour vous.

Prêt pour le dernier défi ? Choisissez 10 mots que vous avez découverts parmi les différents puzzles et notez-les ci-dessous.

1.	6.
2.	7.
3.	8.
4.	9.
5.	10.

Maintenant, composez un texte en pensant à une personne, un animal ou un lieu que vous aimez !

Astuce: Vous pouvez utiliser la dernière page de ce livre comme brouillon !

Votre Composition :

CARNET DE NOTES :

À TRÈS BIENTÔT !

Toute l'équipe

DECOUVREZ DES JEUX GRATUITS

GO

BESTACTIVITYBOOKS.COM/FREEGAMES